KB262887

확실하게 배우는
차이나로
중국어 회화

초중급

Level 4

남서

저자

孫茂玉 (쑨마오위)

国立台湾政治大学 中文系 졸업
한국관광공사 홍보 책자 다수 번역
서울지방경찰청, 대원외고, 삼성물산, 롯데 등 출강

전) 강남 CCC 중국어 학원 강사
전) 中华民国驻韩大使馆 领事部 (现 驻韩台湾代表部)
전) 차이나로 중국어학원 대표강사
전) 차이나로 중국어학원 교육실장
전) ㈜한솔차이나로 중국어학원 부원장
현) ㈜한솔차이나로 교육총감

차이나로 중국어회화 Level 4 초중급 남서

초판발행	2014년 7월 15일
1 판 3 쇄	2017년 1월 10일
저자	차이나로 중국어 연구소, 孫茂玉
펴낸이	엄태상
책임 편집	최미진, 전유진, 가석빈, 이경민, 王鶴凝, 박은경
디자인	진지화
마케팅	이상호, 오원택, 이승욱, 전한나, 박나연
온라인 마케팅	김마선, 심유미, 유근혜
펴낸곳	시사중국어사
주소	서울시 종로구 자하문로 300 시사빌딩
주문 및 교재문의	1588-1582
팩스	(02)3671-0500
홈페이지	www.sisabooks.com
이메일	sisachinabook@hanmail.net
등록일자	1988년 2월 13일
등록번호	제1 - 657호

ISBN 978-89-7364-454-4 14720
　　　978-89-7364-471-1(set)

중국어 교재 최초로 삽화를 통한 연상학습법을 사용한 『차이나로 中國語會話』 시리즈는 중국어를 배우고 가르치는 수많은 학습자와 선생님들로부터 아낌없는 찬사와 성원을 받아왔습니다. 차이나로 중국어 연구소는 이에 만족하지 않고 한 걸음 더 나아가 지난 20여 년간의 현장 강의 노하우와 교수 경험을 바탕으로 『차이나로 중국어회화』를 새롭게 출간하였습니다.

개정판 **차이나로 중국어 회화** 시리즈는 중국어 학습자와 교수자의 요구에 최적화된 교재로, 중국어 회화를 "쉽게, 재미있게, 신나게, 확실하게, 생생하게, 자신있게" 구사할 수 있도록 철저히 학습 환경 위주의 구성과 편집에 포커스를 맞추었다고 단언합니다.

본 교재는 초중급 학습자가 보다 **확실하게** 중국어 실력을 다질 수 있도록 구성하였습니다. **본문**에서는 중국 문화에 관심이 있어 베이징으로 중국어를 공부하러 간 주인공의 경험을 토대로 좀 더 깊이 있고 다양한 주제들을 다루었으며, 기존의 간단한 회화체 문장을 벗어난 단문 스타일의 본문을 통해 학습자가 의식의 흐름에 따라 문장을 구성해나갈 수 있도록 하였습니다. **그림연상학습**에서는 학습자가 삽화를 통해 학습내용을 먼저 연상한 후 중국어로 직접 표현해 볼 수 있도록 하였고, **생활회화**에서는 다양한 상황을 제시하여 주제 중심의 생생한 표현을 익힐 수 있도록 하였습니다. **자유표현**을 통해 학습자는 다양한 주제에 대한 자신의 생각을 중국어로 표현할 수 있는 자신감을 기르게 되고, **어법 포인트**를 통해 초중급 과정에서 꼭 알아두어야 할 핵심적인 어법을 마스터하게 될 것입니다. 뿐만 아니라 **듣기훈련**, **연습문제** 그리고 **단문독해**를 통해 중국어의 네 가지 언어 영역인 听说读写에 대해 종합적으로 점검하여 균형 있는 중국어실력을 배양하고 HSK 4급을 준비할 수 있도록 하였습니다.

본 회화 시리즈의 **초중급편**이 여러분의 중국어 학습을 성공적으로 이끄는 길라잡이가 되길 기대합니다.

2014년 7월
차이나로 중국어 연구소
孫茂玉(쑨마오위)

차례

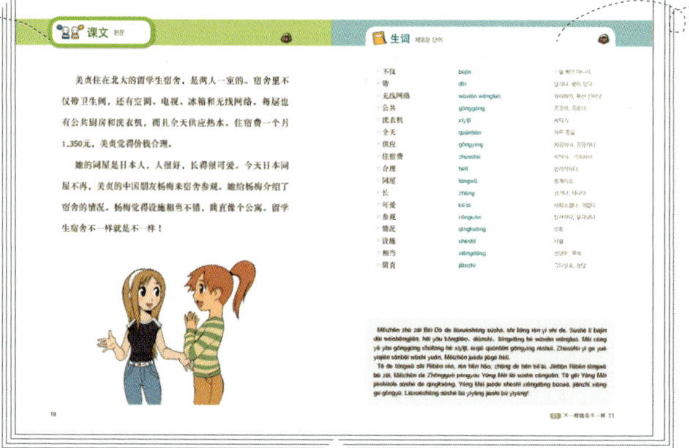

课文 본문

단문 형식의 본문을 통해 다양한 주제에 대해 깊이 있게 생각해 볼 수 있도록 하였습니다.

生词 새로운 단어

본문에 등장한 새로운 어휘들로 구성하였습니다.

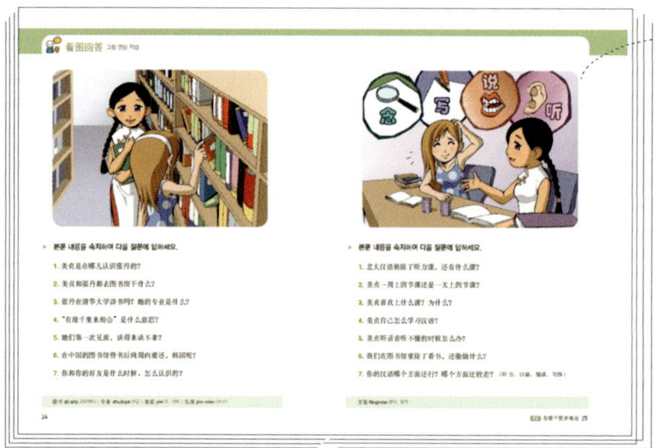

看图回答 그림 연상 학습

그림을 보고 학습한 내용을 연상하여 주제와 관련된 질문에 중국어로 답할 수 있도록 하였습니다.

常用会话 생활회화

학습자가 하나의 주제를 다양한 측면에서 표현할 수 있도록 하였습니다.

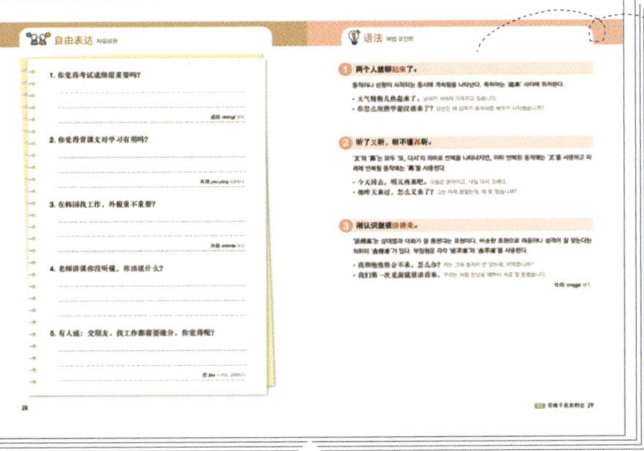

自由表达 자유표현

자신의 의견을 중국어로
표현할 수 있도록
여러 토론 주제들을
다루었습니다.

语法 어법 포인트

초중급 과정에서
꼭 알아두어야 할
핵심적인 어법을
다루었습니다.

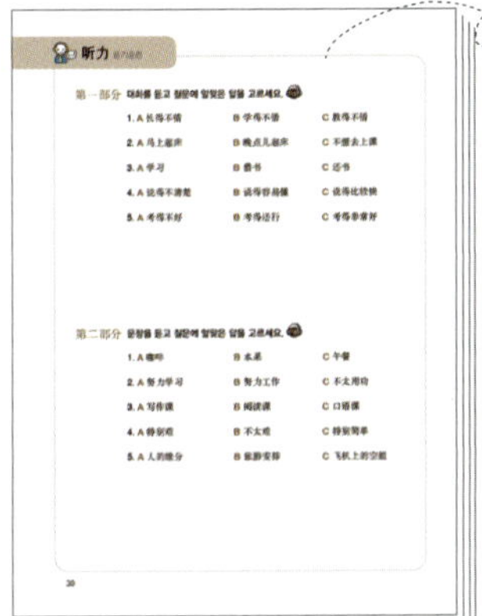

听力 듣기훈련

상황별 회화 및 문장을 듣고 파악하는 훈련을 통해
청취 능력을 강화할 수 있도록 하였습니다.

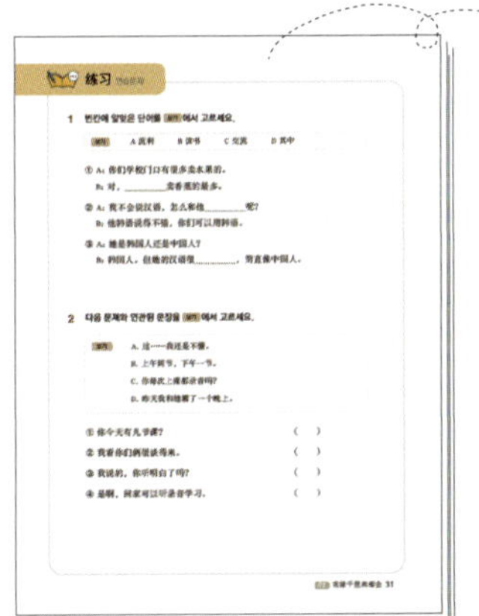

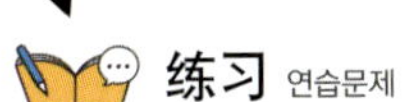

练习 연습문제

어휘 활용능력을 기르고
두 문장 사이의 연관성을
찾아내는 훈련을 할 수
있도록 하였습니다.

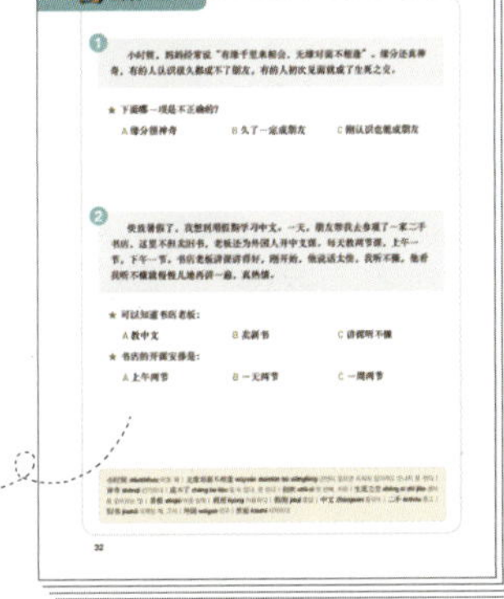

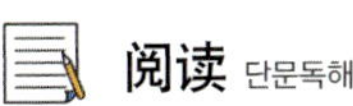

阅读 단문독해

짧은 글을 읽고 이해하는 훈련을 통해 중국어 상식을 넓히고,
HSK 4급 독해 영역을 준비할 수 있도록 하였습니다.

李美贞 Lǐ Měizhēn

한국인. 중국 문화를 좋아해서 중국어를 공부했다.
후에 공부하러 중국에 가는 것이 자기 발전이 있을 것 같다고
여겨, 이번에 베이징 대학에 중국어를 공부하러 왔다.

金明浩 Jīn Mínghào

한국인. 이미정의 한국 대학 선배.
1년 전에 베이징 대학에 공부하러 왔다. 적극적인 성격으로 미
정을 잘 도와주지만, 너무 바빠서 미정과 자주 만날 수 없다.

杨梅 Yáng Méi

중국인. 미정이 베이징 대학에서 알게 된 중국 친구.
미정에게 중국어 가르치는 것을 좋아하고, 자주 미정의 기숙사
에 놀러 간다.

王平 Wáng Píng

중국인. 김명호의 절친한 친구.
명호의 소개로 미정을 알게 되었다.

张丹 Zhāng Dān

중국인. 칭화 대학 학생.
미정과 시립도서관에서 알게 된 사이로, 두 사람은 대화가 잘
통한다. 평소 미정에게 관심을 기울이고 있어 미정의 친구들까
지 잘 알고 있다.

不一样就是不一样

다르긴 다르네요

参观过别人的宿舍吗?
다른 사람의 기숙사를 참관한 적이 있습니까?

住宿舍方不方便?
기숙사에서 사는 것은 편리합니까 편리하지 않습니까?

美贞住在北大的留学生宿舍，是两人一室的。宿舍里不仅带卫生间，还有空调、电视、冰箱和无线网络。每层也有公共厨房和洗衣机，而且全天供应热水。住宿费一个月1,350元，美贞觉得价钱合理。

她的同屋是日本人。人很好，长得也很可爱。今天同屋不在，美贞的中国朋友杨梅来宿舍参观。她给杨梅介绍了宿舍的情况。杨梅觉得设施相当不错，简直像个公寓。留学生宿舍不一样就是不一样！

□ 不仅	bùjǐn	…일 뿐만 아니라
□ 带	dài	달리다, 붙어 있다
□ 无线网络	wúxiàn wǎngluò	무선 인터넷, Wi-Fi
□ 公共	gōnggòng	공공의, 공용의
□ 洗衣机	xǐyījī	세탁기
□ 全天	quántiān	하루 종일
□ 供应	gōngyìng	제공하다, 공급하다
□ 住宿费	zhùsùfèi	숙박비, 기숙사비
□ 合理	hélǐ	합리적이다
□ 同屋	tóngwū	룸메이트
□ 长	zhǎng	생기다, 자라다
□ 可爱	kě'ài	사랑스럽다, 귀엽다
□ 参观	cānguān	참관하다, 구경하다
□ 情况	qíngkuàng	상황
□ 设施	shèshī	시설
□ 相当	xiāngdāng	상당히, 무척
□ 简直	jiǎnzhí	그야말로, 정말

Měizhēn zhù zài Běi Dà de liúxuéshēng sùshè, shì liǎng rén yí shì de. Sùshè lǐ bùjǐn dài wèishēngjiān, hái yǒu kōngtiáo、diànshì、bīngxiāng hé wúxiàn wǎngluò. Měi céng yě yǒu gōnggòng chúfáng hé xǐyījī, érqiě quántiān gōngyìng rèshuǐ. Zhùsùfèi yí ge yuè yìqiān sānbǎi wǔshí yuán, Měizhēn juéde jiàgé hélǐ.

Tā de tóngwū shì Rìběn rén. Rén hěn hǎo, zhǎng de yě hěn kě'ài. Jīntiān tóngwū bú zài, Měizhēn de Zhōngguó péngyou Yáng Méi lái sùshè cānguān. Tā gěi Yáng Méi jièshàole sùshè de qíngkuàng. Yáng Méi juéde shèshī xiāngdāng búcuò, jiǎnzhí xiàng ge gōngyù. Liúxuéshēng sùshè bù yíyàng jiùshì bù yíyàng!

▶ 본문 내용을 숙지하여 다음 질문에 답하세요.

1. 美贞住的宿舍是几人一室的？里面都有什么设施？

2. 美贞住的宿舍是免费提供的吗？

3. 美贞觉得她的同屋怎么样？

4. 杨梅来宿舍做什么？她觉得美贞的宿舍怎么样？

5. 图中美贞的同屋穿的是中国旗袍还是日本和服？

6. 如果住宿舍，你要住几人一室的？为什么？

7. 请说说韩国学校的宿舍情况。

免费 miǎn fèi 무료로 하다 ┃ 提供 tígōng 제공하다 ┃ 图 tú 그림, 도표 ┃ 和服 héfú 기모노

1. "同屋"是一起工作的人还是一起住宿舍的人?

2. 图中她们在美贞租的房子里吗?

3. 美贞的书桌靠窗还是靠门?

4. 她们在躺着聊天还是坐着聊天?

5. 请找找看，哪个是闹钟、储蓄罐和台灯。

6. 你觉得住宿舍好还是租房子好？为什么?

7. 请介绍一下你住的房间。

靠 kào 닿다, 대다 | 闹钟 nàozhōng 알람시계 | 储蓄罐 chǔxùguàn 저금통 | 台灯 táidēng 스탠드

1 睡懒觉

A：现在几点了？

B：八点整。

A：啊，迟到了！我早上有课，你怎么不叫醒我？

B：你没告诉我，我怎么知道？

整 zhěng 온전하다 | 叫醒 jiàoxǐng (불러서) 깨우다

2 在图书馆学习

A：你怎么不在宿舍学习？

B：图书馆比较安静。

A：宿舍里也可以啊。

B：我在宿舍总困。

总 zǒng 늘, 내내 | 困 kùn 졸리다

❸ 快考试了

A： 一起去食堂吃饭吧。

B： 我在看书，你先去吧。

A： 那么用功？

B： 快考试了，我都没准备呢。

食堂 shítáng 구내식당, 음식점 | 用功 yòng gōng 열심히 공부하다 | 考试 kǎoshì 시험

❹ 公共厨房

A： 宿舍里能做饭吗？

B： 有公共厨房，能做。

A： 那还真方便，可以做自己想吃的。

B： 做饭太麻烦了，不如煮方便面。

不如 bùrú …만 못하다, …하는 편이 낫다 | 煮 zhǔ 삶다, 끓이다 | 方便面 fāngbiànmiàn 인스턴트 라면, 사발면

1. 上班上学迟到了，你怎么办？

　　办 bàn 처리하다

2. 你都平时学习还是考前学习？

　　平时 píngshí 평소, 보통 때

3. 你觉得做饭吃和买饭吃有什么不同？

　　不同 bùtóng 다르다

4. 你是早睡早起的人还是晚睡晚起的人？

5. 你喜欢在家学习还是在图书馆学习？

1 **不仅**带卫生间，**还**有空调、电视。

'**不仅** A **还** B'는 '**不但** A **而且** B'와 같은 표현으로 'A일 뿐만 아니라 B이다'라는 의미가 된다. '**还**'는 '**而且**'와 호환할 수 있다.

- 她不仅学习好，而且长得漂亮。 그녀는 공부를 잘할 뿐만 아니라 예쁘기도 합니다.
- 我不仅喜欢喝茶，还喜欢喝咖啡。 저는 차를 좋아할 뿐만 아니라 커피도 좋아합니다.

2 **简直**像个公寓。

부사 '**简直**'는 '그야말로, 정말'의 의미로 상황이 완전히 그러하거나 비슷함을 강조하거나 과장하는 어기를 나타낸다.

- 两个人简直像姐妹一样。 두 사람은 그야말로 자매처럼 똑같습니다.
- 哈尔滨的冬天简直太冷了。 하얼빈의 겨울은 그야말로 너무 춥습니다.

3 不一样**就是**不一样。

부사 '**就是**'를 사용하면 확고한 어기를 나타낼 수 있다.

- 我说不去就是不去！ 안 간다면 안 가는 겁니다!
- 有钱人就是不一样，只买贵的。 부자는 역시 다르군요, 비싼 것만 삽니다.

4 八点**整**。

(1) '완전하다, 온전하다'는 의미의 '**整**'은 수량사와 함께 쓰여 정수를 나타낸다.

- 现在是中午十二点整。 지금은 낮 12시 정각입니다.
- 我在这里教书教了七年整。 저는 여기에서 7년을 꽉 채워 가르쳤습니다.

(2) 명사 앞에서 관형어로 쓰이면 '전부'의 의미가 되며 주로 부사 '**都**'와 함께 쓰인다.

- 整天站着工作，太累了。 하루 종일 서서 일해서 너무 힘듭니다.
- 高三整年都要努力学习。 고3은 한해 동안 열심히 공부해야 합니다.

听力 듣기훈련

第一部分 대화를 듣고 질문에 알맞은 답을 고르세요. 

1. A 快迟到了　　　　B 不会迟到的　　　　C 已经迟到了

2. A 公寓　　　　　B 宿舍　　　　　　　C 图书馆

3. A 男的　　　　　B 女的　　　　　　　C 男的和女的

4. A 可以　　　　　B 不可以　　　　　　C 不知道

5. A 学校的宿舍　　B 公寓里的厨房　　　C 图书馆的空调

第二部分 문장을 듣고 질문에 알맞은 답을 고르세요. 

1. A 学校　　　　　B 咖啡厅　　　　　　C 图书馆

2. A 努力工作　　　B 努力学习　　　　　C 又工作又学习

3. A 宿舍太热　　　B 宿舍太安静　　　　C 宿舍不安静

4. A 姐妹　　　　　B 同屋　　　　　　　C 朋友

5. A 我家　　　　　B 宿舍　　　　　　　C 租的房子

1 빈칸에 알맞은 단어를 보기 에서 고르세요.

> 보기　　A 参观　　　B 简直　　　C 供应　　　D 相当

① A：这里的服务_________好。

　　B：我也这么觉得。

② A：她长得真漂亮，_________像个明星。

　　B：她爸妈都长得好看。

③ A：明天的旅游是怎么安排的?

　　B：上午_________故宫，下午去爬长城。

2 다음 문제와 연관된 문장을 보기 에서 고르세요.

> 보기　　A. 你的同屋是哪里人?
>
> 　　　　B. 一到春天总觉得困。
>
> 　　　　C. 这么多衣服你自己怎么洗?
>
> 　　　　D. 最近总看不到你，在忙什么?

① 你该吃点儿中药了。　　　　　　　　（　　）

② 一楼有公共洗衣机。　　　　　　　　（　　）

③ 快考试了，最近都在学习。　　　　　（　　）

④ 听说是香港人，可我还没见到。　　　（　　）

1

我特别怕热，还容易出汗。尤其是我住的宿舍没有空调，只有天花板上的电风扇。所以一到夏天晚上总做梦睡不好，白天上课老困。

★ 根据这段话可以知道：

A 做了一个好梦　　　　B 电风扇价格贵　　　　C 夏天宿舍里很热

2

我们公司有宿舍和食堂。宿舍的设施不是很好，但电视、空调、洗衣机都有，热水也全天供应。食堂管理员很热情，但食堂的菜不怎么样。所以一周两次我和同屋一起去市场买菜回来自己做。我是山东人，他是广东人。他做广东菜，我做山东菜，我们做不一样口味的菜，食欲也更好。

★ 宿舍怎么样？

A 设施相当好　　　　B 管理员很热情　　　　C 有电视和洗衣机

★ 下面哪一项是不正确的？

A 我是山东人　　　　B 同屋是广东人　　　　C 我每天做饭给同屋吃

容易 róngyì 쉽다 | 出汗 chū hàn 땀이 나다 | 尤其 yóuqí 특히, 더욱이 | 天花板 tiānhuābǎn 천장 | 电风扇 diànfēngshàn 선풍기 | 做梦 zuò mèng 꿈을 꾸다 | 根据 gēnjù 근거하다 | 段 duàn 도막, 토막 | 管理员 guǎnlǐyuán 관리인 | 不怎么样 bù zěnmeyàng 별로 좋지 않다 | 市场 shìchǎng 시장 | 山东 Shāndōng (地) 산동성 | 广东 Guǎngdōng (地) 광동성 | 口味 kǒuwèi 맛 | 食欲 shíyù 식욕 | 项 xiàng 항목, 조항 | 正确 zhèngquè 정확하다, 옳다

有缘千里来相会

인연이 있으면 천리 밖에서도 만난다

有缘分的人都会见面的。
인연이 있는 사람은 다 만나게 된다.

学习也需要缘分。
공부도 인연이 필요하다.

　　美贞和张丹是在国家图书馆里认识的。美贞去借书，张丹去还书，她们正巧坐在一起，两个人就聊起来了。

　　张丹是清华大学会计系二年级的学生，她很高兴认识了韩国朋友美贞。美贞是北京大学汉语班的学生，她一天上四节课：听力、口语、阅读和写作课。其中，她最喜欢上口语课，因为她想用流利的汉语和中国人交流。她现在每天听录音学习，听了又听，听不懂再听。

　　中国人常说：有缘千里来相会。美贞觉得她们俩很有缘分，刚认识就很谈得来。

□ 国家	guójiā	국가, 나라
□ 借	jiè	빌리다
□ 还	huán	돌려주다, 반납하다
□ 正巧	zhèngqiǎo	마침, 공교롭게
□ 会计	kuàijì	회계
□ 年级	niánjí	학년
□ 节	jié	수업을 세는 단위
□ 听力	tīnglì	듣기 능력
□ 阅读	yuèdú	읽다, 독해하다
□ 写作	xiězuò	글을 짓다, 작문하다
□ 其中	qízhōng	그 중에
□ 流利	liúlì	유창하다
□ 交流	jiāoliú	교류하다, 왕래하다
□ 录音	lùyīn	녹음, 녹음하다
□ 有缘千里来相会	yǒu yuán qiān lǐ lái xiāng huì	인연이 있으면 천리 밖에 있어도 만나게 된다
□ 俩	liǎ	두 사람
□ 缘分	yuánfèn	인연

Měizhēn hé Zhāng Dān shì zài guójiā túshūguǎn lǐ rènshi de. Měizhēn qù jiè shū, Zhāng Dān qù huán shū, tāmen zhèngqiǎo zuò zài yìqǐ, liǎng ge rén jiù liáo qǐlai le.

Zhāng Dān shì Qīnghuá Dàxué kuàijì xì èr niánjí de xuésheng, tā hěn gāoxìng rènshile Hánguó péngyou Měizhēn. Měizhēn shì Běijīng Dàxué Hànyǔ bān de xuésheng, tā yì tiān shàng sì jié kè : tīnglì、kǒuyǔ、yuèdú hé xiězuò kè. Qízhōng, tā zuì xǐhuan shàng kǒuyǔ kè, yīnwèi tā xiǎng yòng liúlì de Hànyǔ hé Zhōngguó rén jiāoliú. Tā xiànzài měitiān tīng lùyīn xuéxí, tīngle yòu tīng, tīng bu dǒng zài tīng.

Zhōngguó rén cháng shuō : yǒu yuán qiān lǐ lái xiàng huì. Měizhēn juéde tāmen liǎ hěn yǒu yuánfèn, gāng rènshi jiù hěn tán de lái.

▶ 본문 내용을 숙지하여 다음 질문에 답하세요.

1. 美贞是在哪儿认识张丹的?

2. 美贞和张丹都去图书馆干什么?

3. 张丹在清华大学读书吗? 她的专业是什么?

4. "有缘千里来相会"是什么意思?

5. 她们第一次见面, 谈得来谈不来?

6. 在中国的图书馆借书后两周内要还, 韩国呢?

7. 你和你的好友是什么时候、怎么认识的?

读书 dú shū 공부하다 | 专业 zhuānyè 전공 | 意思 yìsi 뜻, 의미 | 见面 jiàn miàn 만나다

▶ 본문 내용을 숙지하여 다음 질문에 답하세요.

1. 北大汉语班除了听力课，还有什么课？

2. 美贞一周上四节课还是一天上四节课？

3. 美贞喜欢上什么课？为什么？

4. 美贞自己怎么学习汉语？

5. 美贞听录音听不懂的时候怎么办？

6. 我们在图书馆里除了看书，还能做什么？

7. 你的汉语哪个方面还行？哪个方面比较差？（听力、口语、阅读、写作）

方面 fāngmiàn 분야, 영역

1 新老师

A：听说你们班新来了一位老师，她怎么样？

B：高鼻子大眼睛，长得挺漂亮的。

A：我是说，她讲课讲得怎么样啊？

B：哦，讲得很好，容易懂。

鼻子 bízi 코 | 眼睛 yǎnjing 눈 | 挺 tǐng 매우, 아주 | 讲课 jiǎng kè 강의하다

2 听课

A：老师，请说慢点儿。

B：好，注意听……听懂了吗？

A：我还是不明白。

B：没关系，我再讲一遍。

明白 míngbai 분명하다, 명확하다 | 遍 biàn 전 과정을 세는 단위

A：你觉得汉语好不好学?

B：不太好学，尤其是口语。

A：那你平常怎么学习?

B：多听录音，多背课文。

平常 píngcháng 평소, 평상시 | 背 bèi 암기하다 | 课文 kèwén 교과서의 본문

A：这次考得怎么样?

B：大家都说不太难，但我考砸了。

A：开玩笑吧?

B：是真的，不信你看。

难 nán 어렵다 | 砸 zá 실패하다. 망치다 | 开玩笑 kāi wánxiào 농담하다 | 信 xìn 믿다

1. 你觉得考试成绩很重要吗？

成绩 chéngjì 성적

2. 你觉得背课文对学习有用吗？

有用 yǒu yòng 유용하다

3. 在韩国找工作，外貌重不重要？

外貌 wàimào 외모

4. 老师讲课没听懂，你该说什么？

5. 有人说：交朋友、找工作都需要缘分。你觉得呢？

交 jiāo 사귀다, 교제하다

1 两个人就聊起来了。

동작이나 상황이 시작되는 동시에 계속됨을 나타낸다. 목적어는 '起来' 사이에 위치한다.

- 天气慢慢儿热起来了。 날씨가 서서히 더워지고 있습니다.
- 你怎么突然学起汉语来了？ 당신은 왜 갑자기 중국어를 배우기 시작했습니까?

2 听了又听，听不懂再听。

'又'와 '再'는 모두 '또, 다시'의 의미로 반복을 나타내지만, 이미 반복된 동작에는 '又'를 사용하고 미래에 반복될 동작에는 '再'를 사용한다.

- 今天回去，明天再来吧。 오늘은 돌아가고, 내일 다시 오세요.
- 他昨天来过，怎么又来了？ 그는 어제 왔었는데, 왜 또 왔습니까?

3 刚认识就很谈得来。

'谈得来'는 상대방과 대화가 잘 통한다는 표현이다. 비슷한 표현으로 마음이나 성격이 잘 맞는다는 의미의 '合得来'가 있다. 부정형은 각각 '谈不来'와 '合不来'를 사용한다.

- 我和他性格合不来，怎么办？ 저는 그와 성격이 안 맞는데, 어떡합니까?
- 我们第一次见面就很谈得来。 우리는 처음 만났을 때부터 서로 잘 통했습니다.

性格 xìnggé 성격 | 合不来 hé bu lái 서로 맞지 않다

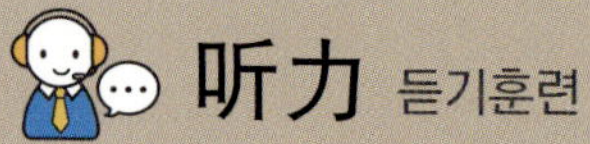

第一部分 대화를 듣고 질문에 알맞은 답을 고르세요. 

1. A 长得不错　　　　B 学得不错　　　　C 教得不错

2. A 马上起床　　　　B 晚点儿起床　　　　C 不想去上课

3. A 学习　　　　B 借书　　　　C 还书

4. A 说得不清楚　　　　B 说得容易懂　　　　C 说得比较快

5. A 考得不好　　　　B 考得还行　　　　C 考得非常好

第二部分 문장을 듣고 질문에 알맞은 답을 고르세요. 

1. A 咖啡　　　　B 水果　　　　C 早餐

2. A 努力学习　　　　B 努力工作　　　　C 不太用功

3. A 写作课　　　　B 阅读课　　　　C 口语课

4. A 特别难　　　　B 不太难　　　　C 特别简单

5. A 人的缘分　　　　B 旅游安排　　　　C 飞机上的空姐

1 빈칸에 알맞은 단어를 보기 에서 고르세요.

> 보기　　A 流利　　B 读书　　C 交流　　D 其中

① A：你们学校门口有很多卖水果的。

　 B：对，＿＿＿＿＿卖香蕉的最多。

② A：我不会说汉语，怎么和他＿＿＿＿＿呢？

　 B：他韩语说得不错，你们可以用韩语。

③ A：她是韩国人还是中国人？

　 B：韩国人。但她的汉语很＿＿＿＿＿，简直像中国人。

2 다음 문제와 연관된 문장을 보기 에서 고르세요.

> 보기　　A. 这……我还是不懂。
>
> 　　　　B. 上午两节，下午一节。
>
> 　　　　C. 你每次上课都录音吗？
>
> 　　　　D. 昨天我和她聊了一个晚上。

① 你今天有几节课？　　　　　　　　　　（　　）

② 我看你们俩很谈得来。　　　　　　　　（　　）

③ 我说的，你听明白了吗？　　　　　　　（　　）

④ 是啊，回家可以听录音学习。　　　　　（　　）

1

　　小时候，妈妈经常说"有缘千里来相会，无缘对面不相逢"。缘分还真神奇，有的人认识很久都成不了朋友，有的人初次见面就成了生死之交。

★ 下面哪一项是不正确的？

　　A 缘分很神奇　　　　　B 久了一定成朋友　　　　C 刚认识也能成朋友

2

　　快放暑假了，我想利用假期学习中文。一天，朋友带我去逛了一家二手书店，这里不但卖旧书，老板还为外国人开中文课。每天教两节课，上午一节，下午一节。书店老板讲课讲得好，刚开始，他说话太快，我听不懂，他看我听不懂就慢慢儿地再讲一遍，真热情。

★ 可以知道书店老板：

　　A 教中文　　　　　　　B 卖新书　　　　　　　　C 讲课听不懂

★ 书店的开课安排是：

　　A 上午两节　　　　　　B 一天两节　　　　　　　C 一周两节

小时候 xiǎoshíhou 어릴 때, 유년기 | 无缘对面不相逢 wú yuán duì miàn bù xiāng féng 인연이 없으면 지척에 있더라도 만나지 못한다 | 神奇 shénqí 신기하다 | 成不了 chéng bu liǎo 될 수 없다, 못 된다 | 初次 chū cì 첫 번, 처음 | 生死之交 shēng sǐ zhī jiāo 생사를 같이하는 벗 | 暑假 shǔjià 여름방학 | 利用 lìyòng 이용하다 | 假期 jiàqī 휴가기간 | 中文 Zhōngwén 중국어 | 二手 èrshǒu 중고 | 旧书 jiùshū 오래된 책, 고서 | 外国 wàiguó 외국 | 开始 kāishǐ 시작하다

无聊没事做
할 일이 없어 심심해요

没地方去又没事做，真无聊。
갈 곳도 할 일도 없어 정말 무료하다.

有事经常打电话找谁？
용무가 있을 때에는 주로 누구에게 전화합니까?

金明浩和李美贞在韩国是大学里的学长学妹，他们俩很熟悉。但在北京各忙各的，平时很少见面。今天美贞没事儿做，想约明浩一起去看电影。她打明浩的手机，打了几次都不接。她又打到宿舍，他的室友接了电话说，明浩现在不在，晚上才回来。美贞只好请室友转告他回个电话。

晚上九点多，明浩来电话了。他说最近在打工，可能没空见面，以后有时间再跟她联系。美贞无聊没事儿做，又没地方去，她心情不怎么好。

☐ 学长	xuézhǎng	학교 선배
☐ 学妹	xuémèi	후배 여학생
☐ 熟悉	shúxī	잘 알다, 익숙하다
☐ 室友	shìyǒu	룸메이트
☐ 只好	zhǐhǎo	부득이, 할 수 없이
☐ 请	qǐng	요청하다, 부탁하다
☐ 回	huí	회답하다
☐ 打工	dǎ gōng	아르바이트하다, 일하다
☐ 空	kòng	틈, 짬, 겨를
☐ 跟	gēn	…와(과), …에게
☐ 无聊	wúliáo	무료하다, 심심하다
☐ 地方	dìfang	장소, 곳
☐ 心情	xīnqíng	마음, 기분
☐ 不怎么	bù zěnme	별로, 그다지

Jīn Mínghào hé Lǐ Měizhēn zài Hánguó shì dàxué lǐ de xuézhǎng xuémèi, tāmen liǎ hěn shúxī. Dàn zài Běijīng gè máng gè de, píngshí hěn shǎo jiàn miàn. Jīntiān Měizhēn méi shìr zuò, xiǎng yuē Mínghào yìqǐ qù kàn diànyǐng. Tā dǎ Mínghào de shǒujī, dǎle jǐ cì dōu bù jiē. Tā yòu dǎdào sùshè, tā de shìyǒu jiēle diànhuà shuō, Mínghào xiànzài bú zài, wǎnshang cái huílai. Měizhēn zhǐhǎo qǐng shìyǒu zhuǎngào tā huí ge diànhuà.

Wǎnshang jiǔ diǎn duō, Mínghào lái diànhuà le. Tā shuō zuìjìn zài dǎ gōng, kěnéng méi kòng jiàn miàn, yǐhòu yǒu shíjiān zài gēn tā liánxì. Měizhēn wúliáo méi shìr zuò, yòu méi dìfang qù, tā xīnqíng bù zěnme hǎo.

▶ 본문 내용을 숙지하여 다음 질문에 답하세요.

1. 明浩和美贞是刚认识的新朋友吗？

2. 明浩和美贞经常见面吗？为什么？

3. 美贞打电话找明浩是因为有急事吗？

4. 图中美贞想看中国电影还是外国电影？

5. 图中他们在电影院干什么？

6. "各忙各的"是说每个人都在忙还是自己一个人在忙？

7. 你无聊的时候怎么打发时间？

急事 jíshì 급한 일 ｜ 打发 dǎfa (시간을) 보내다

▶ 본문 내용을 숙지하여 다음 질문에 답하세요.

1. 美贞为什么打电话到明浩的宿舍？

2. 图中戴眼镜接电话的人是谁？他对美贞说什么？

3. 明浩怎么知道美贞来过电话？

4. 明浩回电话约美贞去看电影了吗？

5. 美贞和明浩通过电话后，她心情怎么样？

6. 明浩说他没空见面，你觉得是真的没空还是找借口？

7. 心情不好时有人喝酒有人哭，你呢？

戴 dài 착용하다 | 借口 jièkǒu 핑계, 구실 | 通电话 tōng diànhuà 통화하다

① 打错电话 

A： 麻烦您请王老师接电话，好吗？

B： 你是不是打错了？这里是出租汽车公司。

A： 哦，对不起，我打错了！

B： 没关系。

错 cuò 틀리다, 맞지 않다

② 打电话约会 

A： 我们明天在哪儿见呢？

B： 还是老地方吧。时间呢？

A： 七点怎么样？

B： 行，不见不散。

约会 yuēhuì 만날 약속 ｜ 老地方 lǎodìfang 원래의 곳, 늘 가는 곳

3 打电话请假

A: 喂，请问王老师在吗？

B: 我就是，哪位？

A: 老师，我是李美贞。我今天发烧想请个病假。

B: 哦，知道了，你好好儿休息吧。

病假 bìngjià 병가, 병결

4 打电话订票

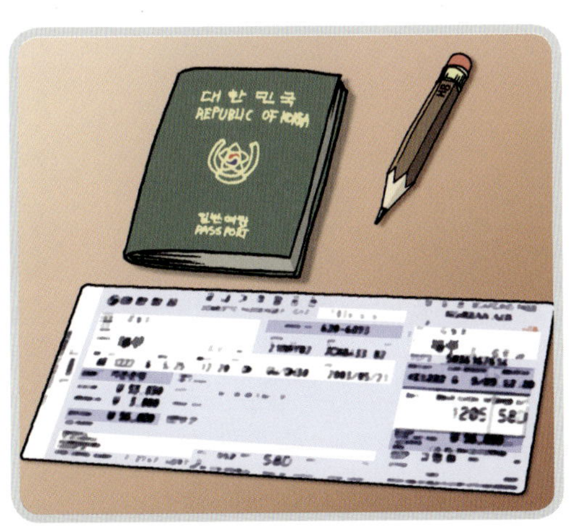

A: 喂，您好，售票中心。

B: 我想订一张星期三上午去北京的机票。

A: 星期三没有经济舱，商务舱要吗？

B: 没办法，只好这样了。

售票中心 shòupiào zhōngxīn 티켓센터 | 机票 jīpiào 비행기표, 탑승권 | 经济舱 jīngjìcāng 이코노미 클래스 | 商务舱 shāngwùcāng 비즈니스 클래스 | 办法 bànfǎ 방법, 수단

1. 现在的智能手机都能做什么？

智能手机 zhìnéng shǒujī 스마트폰

2. 看到没见过的电话号码，你接不接？

3. 你一个月的手机费大约多少钱？谁来付？

手机费 shǒujīfèi 핸드폰 요금 | 大约 dàyuē 대략, 대강 | 付 fù 지불하다

4. 你坐过商务舱吗？它和经济舱有什么不同？

5. 年轻人、中年人的约会地点和时间有什么不同？

年轻 niánqīng 젊다 | 中年 zhōngnián 중년 | 地点 dìdiǎn 장소, 위치

1 他们在北京**各忙各的**。

各 + 동사 + 各 + 的 형식은 각자 어떤 행동을 한다는 의미를 나타내며 주로 단음절 동사와 함께 쓰인다.

- 大家都在办公室里各做各的。 모두 사무실에서 각각 자기 일을 합니다.
- 请他们安静，他们还是各说各的。 조용히 하라고 했는데도 여전히 각자 이야기를 합니다.

办公室 bàngōngshì 사무실

2 今天美贞**没事儿做**，想约明浩一起去看电影。

没(有) + A(명사) + B(동사) 의 어순을 사용하면 'B할 A가 없다'는 의미가 된다.

- 下个月没钱花了。 다음 달에 쓸 돈이 없게 되었습니다.
- 夏天到了没衣服穿。 여름이 되어서 입을 옷이 없습니다.

3 美贞**只好**请室友转告他回个电话。

단지 하나의 선택만을 할 수 있다는 의미로 '只得'와 같은 뜻이다.

- 突然下起雨来，我们只好下山了。 갑자기 비가 오기 시작해서, 우리는 하산할 수 밖에 없었습니다.
- 大家都各忙各的，我只好自己做了。 모두들 각자 바빠서, 스스로 할 수 밖에 없었습니다.

4 **以后**有时间**再**跟她联系。

以后 + 조건 + 再 + 목적 의 형식을 사용하면 시간이 흘러 조건이 만족된 후에 목적을 달성하겠다는 의미를 나타낼 수 있다.

- 以后有了钱再买车。 나중에 돈이 생기면 차를 살 것입니다.
- 以后学好汉语再去留学。 나중에 중국어를 잘 배우고 나서 유학을 갈 것입니다.

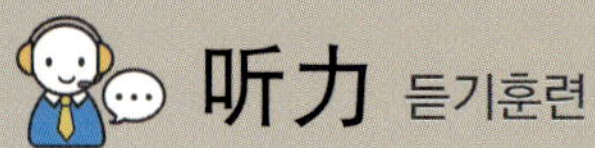

第一部分 대화를 듣고 질문에 알맞은 답을 고르세요. 

1. A 今天不忙　　B 明天不上课　　C 后天看电影

2. A 打错电话　　B 打电话约会　　C 打电话请假

3. A 约时间　　B 有急事　　C 想聊天

4. A 没空无聊　　B 无聊就吃饭　　C 打工很无聊

5. A 没有　　B 只有上午的　　C 只有晚上的

第二部分 문장을 듣고 질문에 알맞은 답을 고르세요. 

1. A 电影院　　B 手机店　　C 张丹家

2. A 病假　　B 事假　　C 年假

3. A 听错时间　　B 晚点下班　　C 路上堵车

4. A 东东　　B 同学们　　C 王老师

5. A 愉快　　B 无聊　　C 高兴

1 빈칸에 알맞은 단어를 [보기]에서 고르세요.

> [보기]　　A 无聊　　　B 只好　　　C 心情　　　D 熟悉

① A：请问，电影院在哪儿？

　 B：不好意思，这附近我不＿＿＿＿＿。

② A：下雨天不能出去，在家里真＿＿＿＿＿。

　 B：你不能帮妈妈打扫房间吗？

③ A：你今天怎么这么高兴？

　 B：儿子考上了人民大学，＿＿＿＿＿特别好。

2 다음 문제와 연관된 문장을 [보기]에서 고르세요.

> [보기]　　A. 你认识他吗？
>
> 　　　　　B. 我的手机不能打了。
>
> 　　　　　C. 他在路上，马上就到。
>
> 　　　　　D. 经济舱没票，只好订了商务舱。

① 小王来了没有？　　　　　　　　　　（　　　）

② 是不是你没付手机费？　　　　　　　（　　　）

③ 您订了经济舱还是商务舱？　　　　　（　　　）

④ 不但认识，而且我们很熟悉。　　　　（　　　）

1

我早上起晚了，忘了带手机出来。妈妈没办法联系我，就打电话到公司找我，那时我正接着重要的电话，同事转告我了。我挂了电话就给妈妈回电。原来她今天想等我下班以后，一起去吃家乡口味的饺子。

★ 下面哪一项没提到？

A 我今天没带手机　　　B 妈妈让同事转告我　　　C 妈妈在饺子店里等我

2

周日是王平的生日，朋友们约好那天在老地方见面，一起给他祝贺祝贺。不巧，我周六要去上海出差，下周才回来。所以我先买了个礼物，让朋友送给他，并请朋友转告他：生日快乐，每天有个愉快的好心情！

★ 朋友们为什么在老地方见？

A 好久没见面　　　B 是王平的生日　　　C 各忙各的很少见面

★ 下面哪一项是正确的？

A 我周日在上海　　　B 我在老地方等王平　　　C 我有个愉快的好心情

挂 guà (전화를) 끊다 | 原来 yuánlái 원래, 알고보니 | 家乡 jiāxiāng 고향 | 饺子 jiǎozi 교자, 만두 | 提 tí 말을 꺼내다, 언급하다 | 祝贺 zhùhè 축하하다 | 不巧 bù qiǎo 유감스럽게도, 운 나쁘게 | 并 bìng 그리고, 또 | 愉快 yúkuài 기쁘다, 유쾌하다

火锅暖人情

훠궈의 따뜻한 정

中国人冬天爱吃火锅。
중국인들은 겨울에 훠궈를 즐겨 먹는다.

在餐厅点菜，吃饭，买单。
식당에서의 주문, 식사, 계산.

听说中国人冬天最爱吃火锅，美贞从来没吃过。下午，她接到中国朋友王平的电话，他想请美贞吃涮羊肉。

涮羊肉就是羊肉火锅。除了羊肉，有大白菜、青菜、冻豆腐、香菇、黑木耳、粉丝等等，材料很丰富。王平点了两人份的涮羊肉，还点了白酒和可乐。羊肉吃起来肥而不腻，又香又嫩。他们边吃边喝，边说边笑。

这顿晚餐美贞吃得非常愉快，一来她尝到了涮羊肉，二来她用汉语和王平聊天儿，口语进步了不少。

涮	shuàn	샤브샤브(를 하다)
(大)白菜	(dà)báicài	배추
青菜	qīngcài	야채, 푸성귀
冻	dòng	얼다
豆腐	dòufu	두부
香菇	xiānggū	표고버섯
黑木耳	hēimù'ěr	목이버섯
粉丝	fěnsī	당면
材料	cáiliào	재료
丰富	fēngfù	풍부하다
份	fèn	부분, 몫
肥	féi	기름지다
而	ér	…하고, …하지만
腻	nì	느끼하다
进步	jìnbù	진보하다, 향상되다

Tīngshuō Zhōngguó rén dōngtiān zuì ài chī huǒguō, Měizhēn cónglái méi chīguo. Xiàwǔ, tā jiēdào Zhōngguó péngyou Wáng Píng de diànhuà, tā xiǎng qǐng Měizhēn chī shuàn yángròu.

Shuàn yángròu jiùshì yángròu huǒguō. Chúle yángròu, yǒu dà báicài、qīngcài、dòng dòufu、xiānggū、hēimù'ěr、fěnsī děngděng, cáiliào hěn fēngfù. Wáng Píng diǎnle liǎng rén fèn de shuàn yángròu, hái diǎnle báijiǔ hé kělè. Yángròu chī qǐlai féi ér bú nì, yòu xiāng yòu nèn. Tāmen biān chī biān hē, biān shuō biān xiào.

Zhè dùn wǎncān Měizhēn chī de fēicháng yúkuài, yī lái tā chángdào le shuàn yángròu, èr lái tā yòng Hànyǔ hé Wáng Píng liáo tiānr, kǒuyǔ jìnbù le bù shǎo.

▶ 본문 내용을 숙지하여 다음 질문에 답하세요.

1. 中国人什么时候爱吃火锅？美贞吃过吗？

2. 今天谁请谁吃什么？

3. 涮羊肉的材料只有羊肉吗？

4. 王平点了多少涮羊肉？点了什么酒水？

5. 图中餐厅服务员在做什么？

6. 王平和美贞吃中国美食还是日本料理？

7. 你和朋友一起吃饭怎么买单？一个人请客还是大家AA制？

酒水 jiǔshuǐ 음료, 주류 | 美食 měishí 진미, 맛있는 음식 | 料理 liàolǐ (日) 요리 | 买单 mǎidān 계산서, 계산하다 |
请客 qǐng kè 손님을 초대하다, 한턱 내다 | AA制 AAzhì 엔 분의 일(1/N)

▶ 본문 내용을 숙지하여 다음 질문에 답하세요.

1. 涮羊肉的羊肉怎么样？

2. 他们边吃边干什么？

3. 美贞今天和王平吃饭，心情怎么样？

4. 美贞吃了一顿简单的晚餐还是丰富的晚餐？

5. 图中美贞看起来很高兴。为什么？

6. 你刚刚和谁通过电话？你们聊了些什么？

7. 你爱吃蔬菜还是肉类？爱不爱吃水果？

简单 jiǎndān 간단하다 | 蔬菜 shūcài 채소 | 肉类 ròulèi 육류

❶ 点菜 

A：你吃米饭还是饺子？

B：最近天天吃米饭，今天尝尝饺子吧。

A：这家饺子做得好，凉菜也不错。

B：是吗？今天真来对了。

凉菜 liángcài 냉채, 차게 하여 먹는 음식

❷ 吃快餐 

A：每天吃外面的快餐，吃腻了。

B：那今天我们自己做吧。

A：好啊。可是没有材料，我们要先去买。

B：真麻烦，算了！还是出去吃吧。

算了 suànle 그만두다, 내버려두다 | 还是 háishi …하는 편이 (더) 좋다

③ 北方口味 

A：北方人爱吃甜的吗？

B：不，北方人爱吃咸的。

A：北方人爱吃面食，对吗？

B：对。面条、饺子、馒头都是北方人的主食。

北方 běifāng 북쪽 | 面食 miànshí 밀가루 음식 | 馒头 mántou 소가 없는 만두, 찐빵 | 主食 zhǔshí 주식

④ 结账 

A：服务员，我们吃好了，结账。

B：您付现金还是刷卡？

A：刷卡。

B：好的，请签名。给您发票。

结账 jié zhàng 계산하다 | 现金 xiànjīn 현금 | 刷卡 shuā kǎ 카드로 결제하다 | 签名 qiān míng 서명하다 | 发票 fāpiào (고객용) 영수증

1. 有人说快餐是垃圾食品，你觉得呢？

垃圾食品 lājī shípǐn 정크 푸드

2. 面食都有什么？你爱吃米饭还是面食？

3. 你认为中国的饮食和韩国的有什么不同？

认为 rènwéi 여기다, 생각하다 | 饮食 yǐnshí 음식

4. 很多人不喜欢自己一个人去餐厅吃饭，你呢？

5. 你和家人、朋友、同学或同事一起吃饭后怎么结账？

1 羊肉吃起来肥**而**不腻。

같은 종류의 단어 또는 절을 연결하는 '而'은 긍정과 부정형식을 연결하여 서로 보충하는 의미를 나타낼 수 있다.

- 这附近热闹而不吵。 이 근처는 번화하였지만 시끄럽지 않습니다.
- 这些都是质量好而不贵的。 이것들은 모두 품질이 좋고 비싸지 않습니다.

吵 chǎo 시끄럽다, 떠들썩하다

2 他们**边**吃**边**喝，**边**说**边**笑。

두 개 혹은 여러 개의 동사로 边 + A + 边 + B 형식을 사용하면 동작이 동시에 진행되는 것을 표현할 수 있다.

- 大家在食堂里边说边吃。 모두들 식당에서 이야기하면서 식사합니다.
- 我们在歌厅里边唱边跳，热闹极了！ 우리는 노래방에서 춤추고 노래하며, 정말 왁자지껄했습니다!

3 **一来**尝到了涮羊肉，**二来**口语进步了很多。

'첫째로는 A이고, 둘째로는 B이다'라는 의미로 원인 혹은 목적을 연이어 설명할 때 '一来……, 二来……'의 형식을 사용하여 표현할 수 있다.

- 这里最方便，一来离公司近，二来有地铁站。
  이곳이 가장 편리한데, 첫째로는 회사에서 가깝고, 둘째로는 지하철역이 있기 때문입니다.
- 我爱坐公交车，一来车费便宜，二来可以看外面的风景。
  나는 버스를 즐겨 타는데, 첫째로는 차비가 싸고, 둘째로는 바깥의 풍경을 볼 수 있기 때문입니다.

风景 fēngjǐng 풍경, 경치

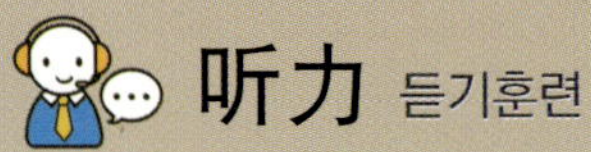 **听力** 듣기훈련

第一部分　대화를 듣고 질문에 알맞은 답을 고르세요. 

1. A 点菜　　　　B 换钱　　　　C 结账

2. A 饮料　　　　B 豆腐　　　　C 粉丝

3. A 汉堡好吃　　B 不吃馒头　　C 不吃汉堡

4. A 米饭　　　　B 饺子　　　　C 米饭和饺子

5. A 甜的　　　　B 辣的　　　　C 咸的

第二部分　문장을 듣고 질문에 알맞은 답을 고르세요. 

1. A 米饭　　　　B 饺子　　　　C 面食

2. A 汽水　　　　B 啤酒　　　　C 白酒

3. A 没有信用卡　B 忘了带信用卡　C 这里只收现金

4. A 吃腻了　　　B 价格贵了　　C 对身体不好

5. A 酒喝多了　　B 钱不够了　　C 卡没有了

1 빈칸에 알맞은 단어를 보기 에서 고르세요.

> 보기   A 愉快   B 丰富   C 材料   D 进步

① A：我要准备明天请客的__________。

B：需要我帮忙吗?

② A：他这么努力一定会有__________。

B：谁说不是呢。

③ A：周末大家好好儿休息吧，辛苦了。

B：谢谢，周末__________！

2 다음 문제와 연관된 문장을 보기 에서 고르세요.

> 보기   A. 你们吃了几人份?
>
> B. 早上我没时间吃饭。
>
> C. 北方人经常吃饺子。
>
> D. 好啊，我去买材料回来。

① 因为北方人爱吃面食。　　　　　　　　（　　）

② 我们两个人吃了三人份。　　　　　　　（　　）

③ 天气冷，晚上吃火锅怎么样?　　　　　（　　）

④ 你总不吃早饭，这对身体不好。　　　　（　　）

1

中国菜味道好，材料也丰富。但去饭馆吃饭，你最好带点儿现金。因为在中国，大部分好吃又地道的小饭馆不能刷卡结账，只能付现金。

★ 中国地道的小饭馆大部分怎么样？

A 味道太咸　　　　　　B 材料不丰富　　　　　　C 不收信用卡

2

东东非常喜欢打乒乓球，这次他又参加了学校的乒乓球比赛。结果他输了，但还是很开心，一来他觉得自己比过去进步了很多，二来他度过了一个愉快的周末。更让他高兴的是，在回家的路上，他遇到了喜欢的女歌手，还拿到了她的亲笔签名。

★ 最让东东高兴的事是什么？

A 学习进步很多　　　B 参加乒乓球比赛　　　C 拿到歌手的签名

★ 下面哪一项是不正确的？

A 周末有乒乓球赛　　B 东东打球进步了很多　　C 东东初次参加乒乓球赛

饭馆 fànguǎn 식당 | 大部分 dà bùfen 대부분 | 乒乓球 pīngpāngqiú 탁구 | 参加 cānjiā 참가하다 | 结果 jiéguǒ 결국, 마침내 | 输 shū 지다, 패하다 | 开心 kāixīn 즐겁다 | 过去 guòqù 과거 | 度 dù (시간을) 보내다 | 遇 yù (우연히) 만나다 | 歌手 gēshǒu 가수 | 亲笔 qīnbǐ 친필

百闻不如一见

백문이 불여일견

听过不如看过。
들은 것은 본 것만 못하다.

车票卖光了，怎么办?
차표가 다 팔렸으면, 어떻게 합니까?

来北京这么久，美贞还没去过别的城市。她听说上海不仅是中国经济、金融、贸易中心，也是一个国际大城市，她就决定去一趟上海看看。

美贞买了一张特快软卧下铺的单程火车票，坐了十五个小时才到了上海。她在上海亲眼看到了南京路的繁华、外滩的夜景、东方明珠塔和城隍庙的小吃街。她还坐地铁到韩国城，吃到了正宗的韩国烤肉。

百闻不如一见。美贞这才知道，上海为什么是一个国际大城市了。更有趣的是，比起普通话，上海人更爱说上海话。

城市	chéngshì	도시
经济	jīngjì	경제
金融	jīnróng	금융
国际	guójì	국제
趟	tàng	왕복한 횟수를 세는 단위
单程	dānchéng	편도
亲眼	qīnyǎn	자기 눈으로, 직접
繁华	fánhuá	번화하다
塔	tǎ	탑
城隍庙	chénghuángmiào	성황당
韩国城	Hánguóchéng	코리아 타운
正宗	zhèngzōng	정통의, 전통적인
烤肉	kǎoròu	불고기
百闻不如一见	bǎi wén bù rú yí jiàn	백 번 듣는 것이 한 번 보는 것만 못하다
有趣	yǒuqù	재미있다, 흥미롭다
普通话	pǔtōnghuà	보통화, 표준어

Lái Běijīng zhème jiǔ, Měizhēn hái méi qùguo bié de chéngshì. Tā tīngshuō Shànghǎi bùjǐn shì Zhōngguó jīngjì、jīnróng、màoyì zhōngxīn, yě shì yí ge guójì dà chéngshì, tā jiù juédìng qù yí tàng Shànghǎi kànkan.

Měizhēn mǎile yì zhāng tèkuài ruǎnwò xiàpù de dānchéng huǒchē piào, zuòle shíwǔ ge xiǎoshí cái dàole Shànghǎi. Tā zài Shànghǎi qīnyǎn kàndàole Nánjīnglù de fánhuá、Wàitān de yèjǐng、Dōngfāngmíngzhū tǎ hé chénghuángmiào de xiǎochī jiē. Tā hái zuò dìtiě dào Hánguóchéng, chīdào le zhèngzōng de Hánguó kǎoròu.

Bǎi wén bù rú yí jiàn. Měizhēn zhè cái zhīdao, Shànghǎi wèishénme shì yí ge guójì dà chéngshì le. Gèng yǒuqù de shì, bǐqǐ pǔtōnghuà, Shànghǎi rén gèng ài shuō Shànghǎi huà.

▶ 본문 내용을 숙지하여 다음 질문에 답하세요.

1. 美贞为什么要去上海?

2. 美贞坐飞机去上海了吗?

3. 美贞买了单程票还是往返票?

4. 图中美贞在看旅游书还是中文小说?

5. 你觉得图中美贞在哪儿干什么?

6. 除了首尔，你最近去过韩国别的城市吗?

7. 你喜欢自己一个人去旅游还是和家人朋友一起去?

往返 wǎngfǎn 왕복하다 | 小说 xiǎoshuō 소설

▶ 본문 내용을 숙지하여 다음 질문에 답하세요.

1. 美贞买了哪一种车票？是特快还是普快？

2. 美贞在网上买票还是在售票处买票？

3. 美贞去上海花了多长时间？她觉得远不远？

4. 美贞在上海去了哪些地方？

5. 美贞在上海发现什么有趣的事？

6. 你觉得图中美贞在对售票员说什么？

7. 为什么很多人喜欢坐火车去旅游？

种 zhǒng 종류 | 车票 chēpiào 차표, 승차권 | 售票处 shòupiàochù 매표소 | 发现 fāxiàn 발견하다 | 售票员 shòupiàoyuán 매표원

1 订火车票 

A： 你能帮我在网上订火车票吗？

B： 可以，哪天的？

A： 两张大后天去西安的。

B： 订好了。去火车站取票就行了。

大后天 dàhòutiān 글피, 3일 후 | 西安 Xī'ān (地) 시안 | 取 qǔ 찾다

2 票卖光了 

A： 还有明天去大连的票吗？

B： 春节大家都回家，票早就卖光了。

A： 那怎么办？

B： 有站票，你要吗？

大连 Dàlián (地) 다롄 | 春节 Chūnjié 구정, 설 | 光 guāng 조금도 남지 않다, 전혀 없다 | 站票 zhànpiào 입석권

3 首发车

A: 请给我一张去沈阳的票。

B: 末班车刚出发了。

A: 不，我要明天的。请问首发车
几点开?

B: 早上五点一刻。

沈阳 Shěnyáng (地) 선양 | 末班车 mòbānchē 막차 | 首发车 shǒufāchē 첫차

4 直达车

A: 从天津到哈尔滨要多长时间?

B: 大约十七个小时。

A: 这趟火车是直达的吗?

B: 不，要在沈阳换车。

天津 Tiānjīn (地) 톈진 | 直达 zhídá 직통하다, 직행하다

1. 首尔火车站里都有哪些商店？

商店 shāngdiàn 상점

2. 你坐过地铁的首发车或末班车吗？

3. 火车旅游和飞机旅游各有什么长处？

长处 chángchu 장점, 훌륭한 점

4. 火车票卖光了，你买站票去还是改天去？

改天 gǎitiān 후일, 다른 날

5. 你喜欢住繁华的大都市还是安静的小城市？

都市 dūshì 도시

1   决定去一**趟**上海看看。

동사 뒤에서 동작의 횟수나 시간, 혹은 변화된 양을 나타내는 것을 동량사라고 한다. 동량사 '趟'은 왕복한 횟수를 나타낼 때 쓰인다.

- 你现在能来一趟吗? 지금 잠깐 와줄 수 있습니까?
- 坐车来回一趟要四个小时呢。 차를 타고 한 차례 다녀오는데 4시간 걸립니다.

来回 lái huí 왕복하다

2   比**起**普通话，上海人更爱说上海话。

'起'는 동사 뒤에서 동작의 시작을 나타내는 보어가 된다.

- 不知道该怎么说起。 어떻게 말을 꺼내야 할지 모르겠습니다.
- 一提起打针，妹妹就怕。 주사 얘기가 나오자마자, 여동생은 무서워했습니다.

怕 pà 무서워하다, 두려워하다

3   春节大家都回家，票**早就**卖光了。

'일찍이, 벌써'의 의미로 동작이 훨씬 전에 이미 발생하였음을 나타낼 때는 '**早就**'를 사용한다. 동작이 방금 막 발생하였을 때는 '**刚(刚)**'을 사용한다.

- 他们早就结婚了，有两个孩子呢。 그들은 벌써 결혼해서, 두 명의 아이가 있습니다.
- 他们刚结婚不久，还没有孩子。 그들은 결혼한지 얼마 되지 않아, 아직 아이가 없습니다.

孩子 háizi 아이, 자녀

4   票早就卖**光**了。

'光'은 결과보어로 쓰여 '조금도 남지 않다, 전혀 없다'는 의미를 나타낸다.

- 这个月的工资花光了。 이번 달 월급을 다 써버렸습니다.
- 他把我的牛奶喝光了。 그가 내 우유를 다 마셔버렸습니다.

工资 gōngzī 임금, 급여

第一部分 대화를 듣고 질문에 알맞은 답을 고르세요. 

1. **A** 20元　　　　**B** 30元　　　　**C** 50元

2. **A** 房东　　　　**B** 司机　　　　**C** 售票员

3. **A** 他长得高　　**B** 他身体胖　　**C** 他哥哥高

4. **A** 明天　　　　**B** 周六　　　　**C** 周日

5. **A** 八点半　　　**B** 八点四十五　**C** 九点整

第二部分 문장을 듣고 질문에 알맞은 답을 고르세요. 

1. **A** 过年不放假　**B** 买票可以刷卡　**C** 过年只有站票

2. **A** 首发车　　　**B** 换乘车　　　**C** 末班车

3. **A** 12个小时　　**B** 14个小时　　**C** 16个小时

4. **A** 20元　　　　**B** 70元　　　　**C** 90元

5. **A** 说上海话　　**B** 说山东话　　**C** 说普通话

1 빈칸에 알맞은 단어를 보기 에서 고르세요.

> 보기　　A 亲眼　　　B 单程　　　C 繁华　　　D 有趣

① A：我要订一张去法国的机票。

　　B：您要＿＿＿＿＿的还是往返的？

② A：有个明星来我们学校参观！

　　B：谁？我要＿＿＿＿＿去看看。

③ A：昨晚我出去散步，回来才发现我穿了一只蓝鞋和一只黑鞋。

　　B：哈哈！真＿＿＿＿＿！

2 다음 문제와 연관된 문장을 보기 에서 고르세요.

> 보기　　A. 百闻不如一见！
>
> 　　　　B. 你的字写得真漂亮。
>
> 　　　　C. 这个时间也有地铁吗？
>
> 　　　　D. 没买到，票早就卖光了。

① 有，是末班车。　　　　　　　　　　　（　　　）

② 你买到票了吗？　　　　　　　　　　　（　　　）

③ 是啊，听过不如看过。　　　　　　　　（　　　）

④ 哪里，比起你我还差得远呢。　　　　　（　　　）

1

自行车旅游的优点是自由，可以到达火车到不了的小地方。火车旅游的优点是可以到达自行车到不了的高山区。自行车旅游的缺点是费体力又费时间，而且有些危险。火车旅游的缺点是只有特定的路线，只能看个大概。

★ 下面哪一项是不正确的？

A 自行车旅游费力　　　　B 火车旅游很自由　　　　C 火车能到高山区

2

我从小就对经济金融感兴趣，上了大学我学了经济。上海是中国的经济金融中心，毕业后我想到上海去发展。听说在上海工作，最好会说上海话。我是在北方小城市里长大的，除了家乡话，我只会说普通话。请问，我需要学习上海话吗？

★ 我为什么想去上海？

A 去学上海话　　　　B 对上海感兴趣　　　　C 上海是经济金融中心

★ 根据这段话可以知道：

A 我会说普通话　　　　B 上海话不好学　　　　C 我是在北京长大的

优点 yōudiǎn 장점, 우수한 점 | 自由 zìyóu 자유롭다 | 到达 dàodá 도착하다, 도달하다 | 到不了 dào bu liǎo 이를 수 없다 | 高山区 gāoshānqū 고산 지대 | 缺点 quēdiǎn 단점, 부족한 점 | 特定 tèdìng 특정한 | 路线 lùxiàn 노선 | 费 fèi 쓰다, 소비하다 | 体力 tǐlì 체력, 힘 | 危险 wēixiǎn 위험, 위험하다 | 发展 fāzhǎn 발전하다 | 长大 zhǎngdà 자라다, 성장하다

06

共同爱好

공통 취미

每个人的爱好都有所不同。
모든 사람의 취미는 다소 다르다.

他的兴趣爱好多着呢！
그는 취미가 아주 많아요!

人人都有自己的爱好，每个人的爱好都有所不同。谈起爱好，美贞喜欢游泳、滑雪和逛街；张丹喜欢做菜、摄影和打乒乓球。

张丹也会游泳，但总游不远。不过，她打乒乓球打得很好。美贞知道很多中国人都会打乒乓球，真想跟张丹学学。她们聊着聊着发现两个人的共同爱好是看足球赛，而且都是铁杆儿球迷。更巧的是，还都喜欢巴西队。

下周六体育场有一场足球友谊赛，中国队对韩国队。她们约好一起去看。

 **生词** 새로운 단어 

有所不同	yǒusuǒ bùtóng	다소 다르다
摄影	shèyǐng	(사진) 촬영하다
共同	gòngtóng	공동의, 공통의
足球	zúqiú	축구
铁杆儿	tiěgǎnr	철저한, 확실한
球迷	qiúmí	(야구ㆍ축구 등의) 구기광
巴西	Bāxī	(地) 브라질
体育场	tǐyùchǎng	운동장, 경기장
场	chǎng	체육 활동 등을 세는 단위
友谊赛	yǒuyìsài	친선 경기

Rénrén dōu yǒu zìjǐ de àihào, měi ge rén de àihào dōu yǒusuǒ bùtóng. Tánqǐ àihào, Měizhēn xǐhuan yóuyǒng, huáxuě hé guàngjiē ; Zhāng Dān xǐhuan zuò cài、shèyǐng hé dǎ pīngpāngqiú.

Zhāng Dān yě huì yóu yǒng, dàn zǒng yóu bù yuǎn. Búguò, tā dǎ pīngpāngqiú dǎ de hěn hǎo. Měizhēn zhīdao hěn duō Zhōngguó rén dōu huì dǎ pīngpāngqiú, zhēn xiǎng gēn Zhāng Dān xuéxue. Tāmen liáozhe liáozhe fāxiàn liǎng ge rén de gòngtóng àihào shì kàn zúqiú sài, érqiě dōu shì tiěgǎnr qiúmí. Gèng qiǎo de shì, hái dōu xǐhuan Bāxī duì.

Xià zhōuliù tǐyùchǎng yǒu yì chǎng zúqiú yǒuyìsài, Zhōngguó duì duì Hánguó duì. Tāmen yuēhǎo yìqǐ qù kàn.

▶ 본문 내용을 숙지하여 다음 질문에 답하세요.

1. 美贞的爱好是什么？张丹呢？

2. 张丹打乒乓球打得好还是游泳游得好？

3. "聊着聊着发现…"是说早就知道了还是刚知道的？

4. 图中美贞和张丹边喝什么边聊什么？

5. 你的兴趣爱好都有什么？

6. 谈起"中国"，你会想到什么？

7. 你知道你父母和兄弟姐妹的爱好吗？

兴趣 xìngqù 흥미, 관심 ｜ 父母 fùmǔ 부모님

본문 내용을 숙지하여 다음 질문에 답하세요.

1. 她们是网迷还是球迷？

2. "铁杆儿"是忠实的意思还是不忠实的意思？

3. 她们都是哪国队的球迷？

4. 她们约好下周六去干什么？

5. 图中美贞在加油还是在踢球？

6. 你对球类运动感不感兴趣？

7. 请说说你和好朋友的共同爱好。

网迷 wǎngmí 인터넷광 | 忠实 zhōngshí 충직하다, 충실하다 | 踢球 tī qiú 축구하다 | 球类运动 qiúlèi yùndòng 구기 운동, 구기종목

1 爱爬山

A：你有什么爱好？

B：没什么特别的，就喜欢跳舞和玩游戏，你呢？

A：我每周去爬山。

B：爬山不错，那是很好的有氧运动。

特别 tèbié 특별하다, 특이하다 | 游戏 yóuxì 놀이, 게임 | 有氧运动 yǒuyǎng yùndòng 유산소 운동

2 爱弹钢琴

A：你学弹钢琴学了多久？

B：有十年了。

A：那一定弹得不错！

B：还行，马马虎虎。

弹 tán (악기를) 연주하다 | 钢琴 gāngqín 피아노 | 还 hái 그런대로 | 马马虎虎 mǎmǎhūhū 그저 그렇다

③ 爱听音乐 

A：哇！你的光盘真不少。

B：我爱听音乐。

A：你爱听古典音乐还是流行歌曲？

B：只要是音乐我都爱听。

光盘 guāngpán CD | 古典 gǔdiǎn 고전, 클래식 | 流行 liúxíng 유행하다 | 歌曲 gēqǔ 노래 | 只要 zhǐyào …하기만 하면

④ 坏习惯 

A：我的爱好多着呢。

B：是吗？说来听听。

A：我喜欢喝酒，抽烟，睡懒觉……

B：这哪叫爱好，简直是坏习惯。

抽烟 chōu yān 흡연하다 | 习惯 xíguàn 습관, 버릇

1. 你在哪个方面比较认真?

认真 rènzhēn 진지하다, 성실하다

2. 你在哪个方面比较马虎?

马虎 mǎhu 소홀하다, 데면데면하다

3. 请说说现代人都有什么坏习惯?

现代人 xiàndàirén 현대인

4. 你也喜欢上网、逛街、爬山、弹钢琴和睡懒觉吗?

5. 现在爱听古典音乐的人多还是爱听流行歌曲的人多?

1 **人人**都有自己的爱好。

사물을 세는 단위인 양사를 AA식으로 중첩하면 일반적으로 예외가 없음을 나타내며, 주로 '都'와 함께 쓰인다.

- 上下班时间天天堵车。 출퇴근 시간에는 매일 차가 막힙니다.
- 家家都有冰箱和洗衣机。 집집마다 냉장고와 세탁기가 있습니다.

2 两个人都是**铁杆儿**球迷。

'铁杆儿'은 '틀림없는, 확고한, 일념으로' 등 광범위한 뜻으로 다양하게 쓰인다.

- 他们是铁杆儿朋友。 그들은 절친한 친구입니다.
- 我是他的铁杆儿粉丝。 저는 그의 열성 팬입니다.

> 粉丝 fěnsī 팬, fans

3 **只要**是音乐，我**都**爱听。

'只要'는 '…하기만 하면'의 뜻으로 어떤 조건 내에 있는 모든 것을 가리키며, 只要 + A + 都 + B 형식으로 쓰여 '그저 A라면 무조건 다 B하다'라는 의미를 나타낸다.

- 只要是没吃过的，他都不吃。 먹어본 적 없는 것은, 그는 무조건 안 먹습니다.
- 只要你喜欢，我都会给你买。 당신이 좋아하기만 하면, 저는 무엇이든지 사줄 것입니다.

4 我的爱好多**着呢**。

어기조사 '着呢'는 형용사 뒤에 붙어 '아주 …하다'는 긍정이나 과장의 어기를 나타낸다.

- 那商店的东西贵着呢。 저 가게는 물건이 아주 비쌉니다.
- 易买得离这儿远着呢，打车去吧。 이마트는 여기에서 꽤 멀어요, 택시 타고 갑시다.

> 易买得 Yìmǎidé 이마트 | 打车 dǎ chē 택시를 잡다

第一部分 대화를 듣고 질문에 알맞은 답을 고르세요. 

1. **A** 跳舞　　　　**B** 摄影　　　　**C** 玩游戏

2. **A** 工作　　　　**B** 运动　　　　**C** 摄影

3. **A** 是不是友谊赛　　**B** 球赛热不热闹　　**C** 哪个队踢得好

4. **A** 学滑雪　　　　**B** 教人滑雪　　　　**C** 准备滑雪服

5. **A** 篮球　　　　**B** 足球　　　　**C** 乒乓球

第二部分 문장을 듣고 질문에 알맞은 답을 고르세요. 

1. **A** 健康不好　　**B** 生意不好　　**C** 不抽烟了

2. **A** 古典音乐　　**B** 钢琴音乐　　**C** 流行歌曲

3. **A** 书迷　　　　**B** 电影迷　　　　**C** 运动迷

4. **A** 学生　　　　**B** 老师　　　　**C** 钢琴家

5. **A** 有氧运动　　**B** 水上运动　　**C** 球类运动

1 빈칸에 알맞은 단어를 보기 에서 고르세요.

> 보기　　A 发现　　　B 摄影　　　C 共同　　　D 铁杆儿

① A：你什么时候＿＿＿＿＿＿钱包不见了？

　　B：在超市买了东西要付钱的时候。

② A：两位都有什么爱好？

　　B：我们的＿＿＿＿＿＿爱好就是听古典音乐。

③ A：今天的比赛，爸爸会给巴西队加油吗？

　　B：那当然，你爸爸是巴西队的＿＿＿＿＿＿球迷呢。

2 다음 문제와 연관된 문장을 보기 에서 고르세요.

> 보기　　A. 人人都喜欢旅游，
>
> 　　　　B. 但我的爱好是做菜和摄影。
>
> 　　　　C. 你和你丈夫有什么共同爱好？
>
> 　　　　D. 听说在健身前要先做点儿有氧运动。

① 是吗？这我还第一次听说呢。　　　　　　　（　　）

② 旅游可以发现很多你不知道的。　　　　　　（　　）

③ 我们的共同爱好就是各忙各的。　　　　　　（　　）

④ 谈起爱好，很多人爱看书和听音乐，　　　　（　　）

1

　　弟弟小时候不太用功，做事也马马虎虎的，父母都很担心。但上了高中，弟弟变了。他开始学习，还学了钢琴，讲话也越来越有趣了。现在，弟弟在学校很有名，没有人不认识他，他还有许多铁杆儿粉丝呢。

★ 关于弟弟下面哪一项是错的？

A 小时做事马虎　　　　B 上了高中不太用功　　　　C 现在有很多粉丝

2

　　每个人都有自己的兴趣爱好。有的喜爱学习；有的喜爱唱歌；有的喜爱弹钢琴；有的喜爱玩电脑。我的爱好是跳舞。每个人都有自己的梦想，我的梦想就是做一位舞台演员和一名舞蹈教师。在我小学四年级的时候学了拉丁舞，每次上课我都跟着老师认真地跳，不管怎么难，我都跟着去做。最近，我参加了三次比赛都拿了金牌。

★ 哪个不是我的梦想？

A 教师　　　　B 演员　　　　C 歌手

★ 关于我，哪项是正确的？

A 认真读书　　　　B 不会跳拉丁舞　　　　C 跳舞得了第一名

担心 dān xīn 염려하다, 걱정하다 | 变 biàn 달라지다, 변화하다 | 讲话 jiǎng huà 이야기하다 | 许多 xǔduō 대단히 많은, 허다한 | 关于 guānyú …에 관해서 | 喜爱 xǐ'ài 좋아하다, 애호하다 | 梦想 mèngxiǎng 꿈 | 舞台 wǔtái 무대 | 演员 yǎnyuán 배우, 연기자 | 舞蹈 wǔdǎo 춤, 무용 | 拉丁舞 Lādīngwǔ 라틴춤 | 不管 bùguǎn …에 관계없이, …을(를) 막론하고 | 跟 gēn 따라가다, 쫓아가다 | 金牌 jīnpái 금메달

在中国的感受

중국에서의 느낌

你对中国有什么感受?
중국에 대해 어떤 느낌을 가지고 있습니까?

体验一下中国的生活。
중국에서의 생활을 체험해보다.

期末考试一结束，美贞就上网和明浩聊天，他们谈了对中国的很多感受。中国大学生学习认真；中国教授和学生有时像朋友似的；中国人热情好客；中国春节放鞭炮热闹得很；中国是自行车王国；进入中国的国际品牌越来越多等等。明浩还说他最爱去王府井，什么购物中心、服饰店、小吃街、夜市都有，还有老北京的胡同。美贞没去过，可惜明浩明天有事儿去不了。

第二天，美贞自己去王府井逛了北京胡同，尝了地道的新疆羊肉串儿。顺便还去夜市买了一些中国特产。

□ 期末考试	qīmò kǎoshì	기말고사
□ 感受	gǎnshòu	인상, 느낌
□ 教授	jiàoshòu	교수
□ 似的	shìde	비슷하다, (마치) …와(과) 같다
□ 好客	hàokè	손님 접대를 좋아하다
□ 放	fàng	쏘다, 발사하다
□ 鞭炮	biānpào	폭죽
□ 进入	jìnrù	진입하다, 진출하다
□ 品牌	pǐnpái	상표, 브랜드
□ 购物	gòuwù	물건을 사다
□ 服饰	fúshì	의복과 장신구
□ 胡同	hútòng	골목, 작은 거리
□ 可惜	kěxī	아쉽다
□ 新疆	Xīnjiāng	(地) 신지앙
□ 顺便	shùnbiàn	…하는 김에

Qīmò kǎoshì yì jiéshù, Měizhēn jiù shàng wǎng hé Mínghào liáo tiān, tāmen tánle duì Zhōngguó de hěn duō gǎnshòu. Zhōngguó dàxuéshēng xuéxí rènzhēn; Zhōngguó jiàoshòu hé xuésheng yǒushí xiàng péngyou shìde; Zhōngguó rén rèqíng hàokè; Zhōngguó Chūnjié fàng biānpào rènao de hěn; Zhōngguó shì zìxíngchē wángguó; jìnrù Zhōngguó de guójì pǐnpái yuèláiyuè duō děngděng. Mínghào hái shuō tā zuì ài qù Wángfǔjǐng, shénme gòuwù zhōngxīn、fúshìdiàn、xiǎochījiē、yèshì dōu yǒu, hái yǒu lǎo Běijīng de hútòng. Měizhēn méi qùguo, kěxī Mínghào míngtiān yǒu shìr qù bu liǎo.

Dì'èr tiān, Měizhēn zìjǐ qù Wángfǔjǐng guàngle Běijīng hútòng, chángle dìdao de Xīnjiāng yángròu chuànr. Shùnbiàn hái qù yèshì mǎile yì xiē Zhōngguó tèchǎn.

▶ 본문 내용을 숙지하여 다음 질문에 답하세요.

1. 美贞什么时候和明浩上网聊天?

2. 他们谈了对中国的哪些感受?

3. 明浩说王府井怎么样?

4. 明浩能不能陪美贞去王府井?

5. 图中美贞的电脑是笔记本还是台式机?

6. 在韩国,考试一结束大家都做什么?

7. 你喜欢和朋友电话聊天、上网聊天还是见面聊天?

陪 péi 동반하다, 수행하다 | 台式机 táishìjī 데스크탑 컴퓨터

▶ 본문 내용을 숙지하여 다음 질문에 답하세요.

1. 美贞到哪儿去了？有没有人陪她？

2. "可惜"的感觉是没办法还是了不起？

3. 美贞在王府井逛了哪儿？尝了什么？

4. 王府井是购物中心还是金融贸易中心？

5. 中国的夜市和韩国的有什么不同？

6. 如果去旅游，你愿意逛大街还是串胡同儿？

7. 学汉语以前和以后，你对中国的感受有什么不同？

愿意 yuànyì 바라다, 희망하다 ｜ 串胡同 chuàn hútòng 골목을 돌아다니다

1 打车

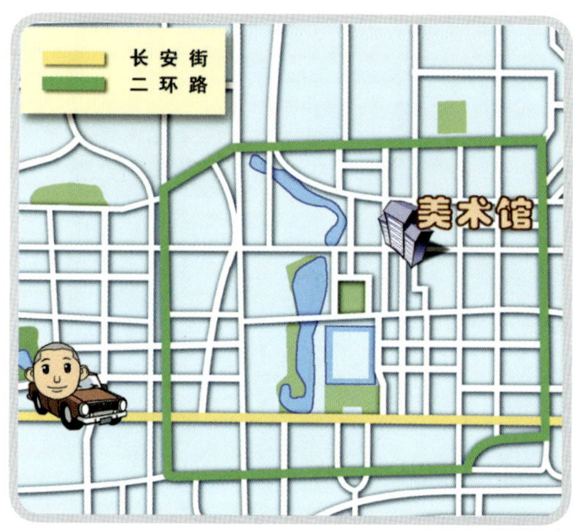

A：您好，要去哪儿？

B：北京美术馆。师傅，麻烦你开快
点儿。

A：走长安街还是走二环？

B：我不熟悉，怎么快怎么走吧。

美术馆 měishùguǎn 미술관 | 师傅 shīfu 기사, 숙련공 | 长安街 Cháng'ānjiē (地) 창안로 | 二环 èrhuán 베이징 제2도로

2 繁华区

A：这条街购物中心这么多，真热闹！

B：这就是上海繁华区的南京路。

A：难怪人这么多。

B：周末这里人多得走不动。

繁华区 fánhuáqū 번화가 | 难怪 nánguài 어쩐지, 과연 | 走动 zǒudòng 거닐다, 움직이다

3　钱不够了 

A：我的人民币不够了。

B：去换一些吧。

A：这个时间银行关门了吧。

B：中国的银行开到五点，现在去还
　　来得及。

来得及 lái de jí 늦지 않다

4　风味小吃 

A：逛累了，走不动了。我们吃点儿
　　什么吧。

B：前面有北京风味小吃。

A：味道真香！没想到还这么便宜。

B：这里的小吃，种类多又便宜。

风味 fēngwèi 맛, 특색 | 种类 zhǒnglèi 종류

1. 你逛街走累了怎么办?

2. 请介绍一下首尔的繁华区。

3. 请说说繁华区有什么特点。

特点 tèdiǎn 특징

4. 你一个月的生活费都花在哪儿?

生活费 shēnghuófèi 생활비

5. 你不认识路时，问路还是打车?

1 可惜他明天有事去**不了**。

완료를 나타내는 '了 liǎo'는 가능보어로 쓰여 가능이나 불가능을 나타낸다.

- 没有火车票，回不了家了。 기차표가 없어 고향에 돌아갈 수 없게 되었습니다.
- 这一碗饭，你吃得了吃不了？ 이 밥 한 그릇을 다 먹을 수 있습니까 없습니까?

2 **什么**购物中心、服饰店、小吃街……。

의문대명사 '什么'가 몇 개의 열거되는 성분 앞에 놓이면 다 열거할 수 없음을 나타낸다.

- 什么游泳、滑雪、踢球，他都会。 수영이라든지, 스키, 축구 등, 그는 다 잘 합니다.
- 什么饼干、面包、糖果，这些他都不吃。
  과자며, 빵, 사탕 같은, 이런 것들을 그는 전혀 먹지 않습니다.

> 会 huì …을(를) 잘 하다, …에 뛰어나다

3 现在去还**来得及**。

'来得及'는 '시간이 넉넉하여 이루어질 수 있다'는 의미를 나타내고, '来不及'는 반대로 '시간이 촉박하다, 더 이상의 여지가 없다'는 의미를 나타낸다.

- 慢慢来，时间还来得及。 천천히 하세요, 시간이 아직 괜찮습니다.
- 今天不说就来不及了。 오늘 말하지 않으면 더 이상 기회가 없을 것입니다.

4 我不熟悉，**怎么**快**怎么**走吧。

두 개의 같은 의문대명사를 앞뒤로 호응시키면, 앞의 의문대명사는 임의의 것을 나타내고 뒤의 의문대명사는 앞의 의문대명사가 가리키는 것을 나타내게 된다.

- 谁先做完谁先下班。 먼저 끝낸 사람이 먼저 퇴근합니다.
- 你什么时候有空什么时候过来吧。 당신이 시간 되는대로 건너오세요.

听力 듣기훈련

第一部分 대화를 듣고 질문에 알맞은 답을 고르세요. 

1. A 喝茶　　　　　B 逛街　　　　　C 回家休息

2. A 美术馆　　　　B 小吃街　　　　C 购物中心

3. A 她钱不够了　　B 那儿是老地方　　C 她是银行职员

4. A 吃火锅　　　　B 一起购物　　　　C 见肉店老板

5. A 很想逛街　　　B 不能去逛街　　　C 好天气该逛街

第二部分 문장을 듣고 질문에 알맞은 답을 고르세요. 

1. A 出差　　　　　B 参观　　　　　C 见朋友

2. A 白天不够热闹　B 晚上特别热闹　C 全天都很热闹

3. A 中国朋友　　　B 宿舍情况　　　C 对中国的感受

4. A 游客多　　　　B 商店多　　　　C 全年打折

5. A 打的　　　　　B 坐地铁　　　　C 什么快就坐什么

1 빈칸에 알맞은 단어를 보기 에서 고르세요.

> 보기　　A 可惜　　B 顺便　　C 购物　　D 感受

① A：你这件衣服真漂亮，是上网买的吗？

　 B：是阿，网上__________又方便又便宜。

② A：你去超市__________帮我买牛奶回来吧。

　 B：行，买几瓶？

③ A：这次的英文考试，听说你们班里有人得了100分。

　 B：对。__________那个人不是我。

2 다음 문제와 연관된 문장을 보기 에서 고르세요.

> 보기　　A. 这里人多得走不动。
>
> 　　　　B. 我最怕晚上走胡同儿。
>
> 　　　　C. 你要知道中国人很好客。
>
> 　　　　D. 你的生活费都是父母给你的吗？

① 有我在，别怕！　　　　　　　　　　　（　　　）

② 不，我大姐和二姐给我的。　　　　　　（　　　）

③ 这就是上海最有名的小吃街。　　　　　（　　　）

④ 中国朋友经常请我吃饭，我都不好意思。（　　　）

1

难怪做生意的人都喜欢在繁华区和商业区开店。因为繁华区和商业区的人口流动量多，而开店的第一条件就是要找人多的地方，这样才有生意。

★ 根据这段话可以知道：

A 繁华区的人口不多　　B 不该在商业区做生意　　C 繁华区是开店的好地方

2

我们学校附近有个著名的大型购物中心，里面什么店铺都有。听说最近新开了一家地道的新疆烤羊肉串店，可惜我太忙没去过。等这次期末考试结束后，陪爸妈去逛逛，顺便去那里尝尝羊肉串儿。当然不找周末，因为我爸妈最不喜欢周末逛街，他们说人一多就没心情逛。

★ 考试结束后我有什么安排？

A 到服饰店去逛逛　　　B 去吃新疆羊肉串　　　C 去购物中心看看店铺

★ 下面哪一项是正确的？

A 我要找周末逛街　　　B 周末爸妈不爱逛街　　C 人一多我就不愉快

商业区 shāngyèqū 상업 지역 | 开店 kāi diàn 가게를 내다 | 流动量 liúdòngliàng 유동량 | 著名 zhùmíng 저명하다, 유명하다 | 大型 dàxíng 대형의 | 店铺 diànpù 점포, 가게 | 烤 kǎo 굽다

送行告别

배웅과 이별

去机场给他送行。
그를 배웅하러 공항에 가다.

要回国了，该做什么准备？
귀국하려면, 어떤 준비를 해야합니까?

时间过得真快，一转眼就是半年。这个学期结束，明天就要放假了。美贞怕买不到机票，早就把票订好了。她整理好行李准备回国。

回国那天，朋友们都去机场为她送行。美贞被他们的热情感动得哭了。朋友们祝她健康平安，常保持联系。美贞感谢他们这半年的帮助和照顾，希望有机会能在韩国和他们见面。

时间不多，该登机了，美贞向大家挥手告别了。

转眼	zhuǎnyǎn	눈 깜짝할 사이, 어느덧
学期	xuéqī	학기
怕	pà	근심하다, 염려하다
整理	zhěnglǐ	정리하다, 정돈하다
送行	sòng xíng	배웅하다
被	bèi	…에게 …당하다
感动	gǎndòng	감동하다
平安	píng'ān	평안하다, 무사하다
保持	bǎochí	유지하다
帮助	bāngzhù	돕다, 도움
希望	xīwàng	희망, 희망하다
登机	dēng jī	(비행기에) 탑승하다
挥手	huī shǒu	손을 흔들다
告别	gào bié	헤어지다, 작별 인사를 하다

Shíjiān guò de zhēn kuài, yì zhuǎnyǎn jiùshì bàn nián. Zhège xuéqī jiéshù, míngtiān jiù yào fàng jià le. Měizhēn pà mǎi bu dào jīpiào, zǎo jiù bǎ piào dìnghǎo le. Tā zhěnglǐ hǎo xíngli zhǔnbèi huí guó.

Huí guó nà tiān, péngyoumen dōu qù jīchǎng wèi tā sòng xíng. Měizhēn bèi tāmen de rèqíng gǎndòng de kū le. Péngyoumen zhù tā jiànkāng píng'ān, cháng bǎochí liánxì. Měizhēn gǎnxiè tāmen zhè bàn nián de bāngzhù hé zhàogù, xīwàng yǒu jīhuì néng zài Hánguó hé tāmen jiàn miàn.

Shíjiān bù duō, gāi dēng jī le, Měizhēn xiàng dàjiā huī shǒu gào bié le.

▶ 본문 내용을 숙지하여 다음 질문에 답하세요.

1. "一转眼"的意思是眼睛疼还是时间快?

2. 美贞在中国学习了多长时间? 为什么要回国?

3. 美贞的机票是昨天刚订的吗?

4. 图中美贞和朋友在哪儿干什么?

5. 她的朋友都去机场送她了吗?

6. 图中美贞为什么哭了?

7. 如果你要长期出国,希望有人去机场送你吗?

长期 chángqī 긴 시간, 장기

▶ 본문 내용을 숙지하여 다음 질문에 답하세요.

1. 美贞回国时，朋友祝她什么？

2. "保持联系"的意思是常联系还是别联系？

3. 美贞感谢朋友什么？

4. 美贞希望再来中国还是希望朋友们来韩国？

5. 美贞和朋友告别时，你觉得谁最难过？为什么？

6. 你最感谢的人是谁？为什么？

7. 请说一件让你感动的事情。

难过 nánguò 괴롭다, 슬프다 │ 件 jiàn 일·사건 등을 세는 단위

① 机票紧张 

A：你什么时候动身？

B：这个月底。

A：怎么这么晚才走？

B：放假期间机票紧张，不好订。

动身 dòng shēn 출발하다 | 月底 yuèdǐ 월말 | 紧张 jǐnzhāng 긴박하다, 부족하다

② 行李超重 

A：先生，您这两个箱子超重了。

B：要收费吗？

A：您要交超重费100元。

B：好吧。

箱子 xiāngzi 상자, 트렁크 | 超重 chāo zhòng 중량을 초과하다 | 收 shōu 받다, 접수하다 | 交 jiāo 건네다, 내다

③ 登机

A： 这是我的登机牌，请问在哪里登机？

B： 3号登机口，这里就是。

A： 现在可以登机吗？

B： 时间还早，请在候机室等候。

登机牌 dēngjīpái 탑승권 ｜ 登机口 dēngjīkǒu 탑승구 ｜ 候机室 hòujīshì 공항 대합실 ｜ 等候 děnghòu 기다리다

④ 行李丢了

A： 我的行李找不到了。

B： 您的行李是什么样儿的？

A： 是一个紫色的大皮箱。

B： 请稍等。我帮您查查。

什么样 shénmeyàng 어떠한 ｜ 皮箱 píxiāng 트렁크 ｜ 查 chá 찾아보다

1. 你比较喜欢月初、月中还是月底？

月初 yuèchū 월초

2. 在候机室等候登机的人，一般都在做什么？

一般 yìbān 보통이다, 일반적이다

3. 长期出国工作或留学时，都要准备哪些东西？

4. 生活中要交水费、电费以外，还要交什么费？

生活 shēnghuó 생활하다 ｜ 水费 shuǐfèi 수도세 ｜ 电费 diànfèi 전기료

5. 在韩国什么时候买票比较紧张？(机票、车票、电影票)

1 明天开始就要放假了。

'快(要)…了'와 '就(要)…了'는 모두 '곧 …하려하다'라는 의미를 나타내지만, '就要' 앞에는 구체적인 시간사가 나올 수 있는 반면, '快要' 앞에는 구체적인 시간사가 나올 수 없다.

- 弟弟快要毕业了。 남동생은 곧 졸업합니다.
- 弟弟明年就要毕业了。 남동생은 내년이면 졸업합니다.

2 美贞被他们的热情感动得哭了。

(1) '被'는 주어 + 被 + 명사 + 동사 의 어순으로 피동문을 구성할 수 있다. 주어는 동작의 대상이 되고, '被'는 동작의 주체를 이끌어 낸다. 부정문은 '没'를 사용한다.

- 我的手机被他拿走了。 내 휴대폰은 그가 가져 갔습니다.
- 手机没被他拿走，在这里呢。 휴대폰은 그가 가져가지 않았고, 여기에 있습니다.

(2) '被'는 누군가에게 당하거나 강제로 무엇을 하게 되는 경우에 주로 쓰이므로 부정적인 의미가 많다.

- 牛奶被弟弟喝光了。 우유를 남동생이 다 먹어버렸습니다.
- 我的自行车被他骑走了。 내 자전거를 그가 타고 가버렸습니다.

3 放假期间机票紧张，不好订。

'紧张'은 본래 정신적으로 '긴장하다, 불안하다'는 의미이나, 경제적으로 '빠듯하다'거나 물질적으로 '부족하다'는 어감을 나타내기도 한다.

- 家里经济很紧张，手里没钱。 집안에 경제 사정이 안 좋아서, 수중에 돈이 없습니다.
- 春节的时候，中国火车票最紧张。 설에 중국은 기차표가 가장 부족합니다.

第一部分 대화를 듣고 질문에 알맞은 답을 고르세요. 

1. A 去不了　　　　B 还没决定　　　　C 没事儿可以去

2. A 这个月初　　　　B 这个月中　　　　C 这个月底

3. A 希望男的帮她　　B 希望男的送她　　C 希望男的常来玩

4. A 告别　　　　　　B 逛夜市　　　　　C 整理行李

5. A 白天过得更快　　B 一年不是很快　　C 时间过得真快

第二部分 문장을 듣고 질문에 알맞은 답을 고르세요. 

1. A 机票费　　　　　B 超重费　　　　　C 机场服务费

2. A 考试要考好　　　B 考试考砸了　　　C 这次考得太多

3. A 在机场送行　　　B 在小李家做客　　C 请小李喝酒告别

4. A 小王早睡晚起　　B 小王工作才两年　C 小王不是北京人

5. A 奶奶很无聊　　　B 奶奶身体不好　　C 奶奶累得走不动

1 빈칸에 알맞은 단어를 [보기] 에서 고르세요.

> [보기]　　　A 转眼　　　B 整理　　　C 希望　　　D 告别

① A：几个星期都没下雨，天气真闷热。

　 B：__________明天下雨凉快些。

② A：__________一年又过去，时间太快了。

　 B：是啊，我们又老了一岁。

③ A：明天你去哪儿吗?

　 B：哪儿都不去，我要在家__________房间。

2 다음 문제와 연관된 문장을 [보기] 에서 고르세요.

> [보기]　　　A. 要交超重费的。
>
> 　　　　　　B. 再见，常联系！
>
> 　　　　　　C. 你们什么时候动身?
>
> 　　　　　　D. 请问，5号登机口在哪儿?

① 祝你一路平安！　　　　　　　　　　（　　）

② 吃了午饭就离开。　　　　　　　　　（　　）

③ 行李超重了怎么办?　　　　　　　　（　　）

④ 这里就是。马上就要登机了。　　　　（　　）

1

中国人送行时常说"一路平安"，告别时常说"保持联系"。跟好朋友告别时，中国人还送礼物。有的送音乐盒，有的送水杯，让朋友每次听音乐或喝茶时都想起你。

★ 根据这段话可以知道中国人：

A 告别还送礼　　　　B 送行都送水杯　　　　C 送礼说保持联系

2

在这个世界上，我要感谢的人太多太多了。感谢生我养我的父母；感谢照顾我的老师；感谢让我感受到温暖的朋友们。我更要感谢那些不熟悉但帮过我的人，因为他们，我的生活有了希望；因为他们，我一次又一次被感动；因为他们，我现在知道了人生。

★ 我为什么感谢那些不熟悉的人？

A 生我养我　　　　B 让我知道了人生　　　　C 让我感受到温暖

★ 文中的"他们"是指谁？

A 生我养我的父母　　　　B 温暖的朋友们　　　　C 不认识但帮过我的人

音乐盒 yīnyuèhé 오르골, 뮤직박스 | 送礼 sòng lǐ 선물하다 | 世界 shìjiè 세계, 세상 | 生 shēng 낳다, 태어나다 | 养 yǎng 기르다, 양육하다 | 温暖 wēnnuǎn 따뜻하다, 따스하다 | 人生 rénshēng 인생 | 指 zhǐ 가리키다

附录 부록

第一课 不一样就是不一样 다르긴 다르네요

课文 본문

미정은 베이징 대학 유학생 기숙사에서 지내는데, 2인 1실입니다. 기숙사에는 화장실이 있을 뿐 아니라 에어컨, TV, 냉장고가 있고 무선 인터넷도 됩니다. 각 층마다 공동 주방과 세탁기도 있고, 하루 종일 온수가 공급됩니다. 숙박비는 한 달에 1,350위안으로, 미정은 합리적인 가격이라고 생각합니다.

그녀의 룸메이트는 일본인인데, 사람이 좋고 귀엽게 생기기도 했습니다. 오늘은 룸메이트가 없어서, 미정의 중국 친구 양메이가 기숙사를 찾아왔습니다. 그녀는 양메이에게 기숙사의 상황을 소개했습니다. 양메이는 시설이 상당히 좋아서 그야말로 아파트 같다고 생각했습니다. 유학생 기숙사가 다르긴 다르네요!

常用会话 생활회화

1. 늦잠자다

A: 지금 몇 시지?

B: 8시 정각이야.

A: 이런, 늦었네! 오전에 수업이 있는데, 왜 깨워주지 않았어?

B: 알려주지 않았는데, 내가 어떻게 알아?

2. 도서관에서 공부하다

A: 왜 기숙사에서 공부하지 않아?

B: 도서관이 비교적 조용하잖아.

A: 기숙사도 괜찮잖아.

B: 난 기숙사에 있으면 자꾸 졸려.

3. 곧 시험이다

A: 같이 식당에 가서 밥 먹자.

B: 공부 중이야, 먼저 가.

A: 그렇게까지 열심히 해?

B: 곧 시험인데, 준비도 못했어.

4. 공동 주방

A: 기숙사에서 밥할 수 있어?

B: 공동 주방이 있으니까, 할 수 있어.

A: 그럼 정말 편하겠다, 먹고 싶은 음식을 만들 수 있잖아.

B: 밥하는 건 너무 귀찮아, 차라리 라면 끓이는 게 낮지.

第二课 有缘千里来相会
인연이 있으면 천리 밖에서도 만난다

课文 본문

미정과 장단은 국립 도서관에서 알게 된 사이입니다. 미정은 도서를 대여하러, 장단은 반납하러 갔다가 때마침 한 자리에 앉게 되어서 두 사람은 이야기를 나누게 되었습니다.

장단은 칭화 대학 회계학과 2학년 학생인데, 한국 친구 미정을 알게 되어서 매우 기뻤습니다. 미정은 베이징 대학 중국어반 학생으로, 하루 4시간의 수업을 듣는데, 듣기, 회화, 독해와 작문 수업입니다. 그 중에서, 회화 수업을 가장 좋아하는데, 유창한 중국어로 중국 사람과 교류하고 싶기 때문입니다. 현재 그녀는 매일 녹음을 들으며 공부를 하는데, 듣고 또 듣고, 알아듣지 못하면 다시 듣습니다.

중국 사람들은 '인연이 있으면 천리 밖에서도 만날 수 있다'고들 합니다. 미정은 장단과 인연이 있다고 생각했는데, 방금 알게 되었는데도 말이 잘 통했기 때문입니다.

常用会话 생활회화

1. 새로 오신 선생님

A: 너희 반에 선생님이 새로 오셨다며, 어때?

B: 코도 높고 눈도 크셔, 아주 예쁘게 생기셨어.

A: 내 말은, 강의하시는 게 어떠시냐는 건데?

B: 아, 강의 잘 하시지, 쉽게 이해가 돼.

2. 수업을 듣다

A: 선생님, 천천히 좀 말씀해주세요.

B: 알겠어요, 주의해서 들어보세요. …이해했어요?

A: 저는 아직도 잘 모르겠어요.

B: 괜찮아요, 다시 한 번 설명하죠.

3. 많이 듣고 많이 외우다

A: 중국어 배우기가 쉬운 것 같아?

B: 그다지 쉽지 않아, 특히 회화는.

A: 그럼 평소에는 어떻게 공부해?

B: 녹음을 많이 듣고, 본문도 많이 외워.

4. 시험을 망치다

A: 이번 시험 어땠어?

B: 다들 그다지 어렵지 않았다는데, 난 망쳤어.

A: 농담이지?

B: 진짜야, 못 믿겠으면 봐.

课文 본문

김명호와 이미정은 한국에서 대학교 선후배로, 그 둘은 잘 아는 사이입니다. 하지만 베이징에서 각자 바쁘게 지내다 보니 평소에는 거의 만나지 못합니다. 오늘 미정은 할 일이 없어서, 명호와 함께 영화 보러 갈 약속을 하려 했습니다. 그녀는 명호의 휴대폰으로 여러 번 전화를 걸었지만, 모두 받지 않았습니다. 그녀는 기숙사로 다시 전화를 걸었는데, 그의 룸메이트가 전화를 받아 명호는 지금 기숙사에 없고, 저녁이나 되어야 돌아온다고 하였습니다. 미정은 명호의 회신을 룸메이트에게 부탁할 수 밖에 없었습니다.

밤 9시가 지나 명호에게서 전화가 왔는데, 요즘 아르바이트를 하느라 만날 시간이 없을 것 같다며, 시간이 되면 다시 연락하겠다고 했습니다. 미정은 무료한데 할 일도 없고 갈 곳도 없어서, 기분이 그다지 좋지 않았습니다.

常用会话 생활회화

1. 전화를 잘못 걸다

A: 죄송한데 왕선생님 좀 바꿔주시겠습니까?
B: 전화 잘못 거신 거 아니에요? 여기는 택시회사입니다만.
A: 아, 죄송합니다. 제가 잘못 걸었네요.
B: 괜찮아요.

2. 전화로 약속하다

A: 우리 내일 어디서 만날까?
B: 그냥 늘 만나던 곳으로 하자, 시간은?
A: 7시 어때?
B: 좋아, 만날 때까지 기다리기야.

3. 전화로 휴가를 신청하다

A: 여보세요? 왕선생님 계신가요?
B: 전데요, 누구시죠?
A: 선생님, 저 이미정이에요. 오늘 열이 나서 병가 내려고요.
B: 아, 알겠어요. 푹 쉬어요.

4. 전화 예매

A: 여보세요, 안녕하십니까, 티켓센터입니다.
B: 수요일 오전 베이징 행 티켓 한 장 예매하려고 하는데요.
A: 수요일은 일반석이 없는데, 비즈니스 석으로 하시겠어요?
B: 어쩔 수 없죠, 그렇게 하는 수 밖에요.

课文 본문

중국인들은 겨울에 훠궈를 가장 즐겨먹는다고 하는데, 미정은 여태껏 먹어보지 못했습니다. 오후에 그녀는 중국 친구 왕핑의 전화를 받았는데, 그가 미정에게 양고기 샤브샤브를 대접하고 싶다고 했습니다. 양고기 샤브샤브가 바로 양고기 훠궈입니다. 양고기 외에, 배추, 푸성귀, 언 두부, 표고버섯, 목이버섯, 당면 등등 재료가 아주 풍부합니다. 왕핑은 양고기 샤브샤브 2인분을 주문하고, 바이지우와 콜라도 시켰습니다. 양고기는 기름기가 많지만 느끼하지 않아, 맛이 좋고 부드러웠습니다. 그들은 먹고 마시고, 이야기 하면서 웃었습니다.

미정은 이번 저녁 식사를 굉장히 즐겁게 먹었는데, 첫 번째는 양고기 샤브샤브를 맛보았기 때문이고, 두 번째는 왕핑과 중국어로 이야기를 나누면서, 회화가 꽤 늘었기 때문입니다.

常用会话 생활회화

1. 요리 주문

A: 밥 먹을래 만두 먹을래?
B: 요즘 매일 밥 먹으니까, 오늘은 만두를 먹어볼까.
A: 이 집 만두 잘 해, 냉채도 맛있고.
B: 그래? 오늘 정말 잘 왔네.

2. 패스트푸드를 먹다

A: 매일 밖에서 패스트푸드를 먹었더니 질렸어.
B: 그럼 오늘은 우리 직접 만들자.
A: 좋아. 그런데 재료가 없어서, 먼저 장을 보러 가야 해.
B: 정말 번거롭네, 됐어! 그냥 나가서 먹자.

3. 북방의 맛

A: 북방 사람들은 단 것을 즐겨 먹나요?

B: 아니요, 북방 사람은 짠 것을 즐겨 먹어요.
A: 북방 사람은 밀가루 음식을 즐겨 먹죠?
B: 네, 국수, 만두, 찐빵 모두 북방 사람들의 주식이에요.

4. 계산하다

A: 종업원, 여기 다 먹었어요, 계산해주세요.
B: 현금으로 하실 건가요 아니면 카드로 하실 건가요?
A: 카드로 결제할게요.
B: 알겠습니다, 서명해주세요. 영수증 드리겠습니다.

第五课 百闻不如一见 백문이 불여일견

课文 본문

베이징에 온지 꽤 오래 되었지만, 미정은 아직 다른 도시에 가 보지 못했습니다. 그녀는 상하이가 중국의 경제, 금융, 무역의 중심일 뿐만 아니라 국제적인 대도시라는 이야기를 듣고, 상하이에 한 번 가보기로 했습니다.

미정은 특급 열차의 고급 침대 아래칸 편도 기차표를 한 장 사서, 15시간 만에 상하이에 도착했습니다. 그녀는 상하이에서 난징루의 번화함과 와이탄의 야경, 동팡밍주탑과 성황당의 먹자골목을 직접 보았습니다. 그녀는 또 지하철을 타고 코리아타운에 가서, 정통 한국 불고기도 먹었습니다.

백문이 불여일견이라고, 미정은 상하이가 왜 국제 대도시가 되었는지 이번에야 비로소 알게 되었습니다. 더욱 흥미로운 것은, 상하이 사람들이 표준어보다 상하이 방언을 더 즐겨 것이었습니다.

常用会话 생활회화

1. 기차표 예매

A: 인터넷 기차표 예매 좀 도와줄래?
B: 좋아, 언제로?
A: 글피 시안 행으로 2장.
B: 예약했어, 기차역에 가서 찾으면 돼.

2. 표가 다 팔리다

A: 내일 다롄 가는 표가 아직 있나요?
B: 설에는 모두 귀향하기 때문에, 표는 진작 매진됐어요.

A: 그럼 어떡하죠?
B: 입석표가 있는데, 하시겠어요?

3. 첫차

A: 선양으로 가는 표 한 장 주세요.
B: 막차가 방금 출발했어요.
A: 아니요, 저는 내일 표로 하려고요, 첫차가 몇 시 출발이죠?
B: 아침 5시 15분입니다.

4. 직행열차

A: 텐진에서 하얼빈까지 얼마나 걸리죠?
B: 대략 17시간 정도 걸립니다.
A: 이번 열차는 직행인가요?
B: 아니요, 선양에서 환승해야 합니다.

第六课 共同爱好 공통 취미

课文 본문

사람들마다 각자의 취미가 있지만, 모두의 취미는 다소 다릅니다. 취미를 이야기하자면, 미정은 수영, 스키, 아이쇼핑을 좋아하고, 장단은 요리, 사진 촬영과 탁구를 좋아합니다.

장단도 수영을 할 줄 알지만, 늘 멀리 헤엄치지를 못합니다. 하지만 그녀는 탁구를 잘 칩니다. 미정은 많은 중국인들이 탁구를 칠 줄 안다고 알고 있어서, 장단에게 정말 좀 배워보고 싶었습니다. 그들은 이야기를 나누다가 두 사람의 공통 취미가 축구 경기 관람이고, 둘 다 열성 축국 팬이라는 것을 알게 되었습니다. 더 놀라운 것은, 둘 다 브라질 팀을 좋아한다는 것이었습니다.

다음 주 토요일에 경기장에서 열리는 중국과 한국의 축구 친선경기를, 그들은 함께 보러 가기로 약속했습니다.

常用会话 생활회화

1. 등산을 즐기다

A: 어떤 취미가 있나요?
B: 특별한 것은 없고, 그냥 댄스랑 게임을 좋아해요. 당신은요?
A: 저는 매주 등산을 가요.
B: 등산 좋죠, 훌륭한 유산소 운동이잖아요.

2. 피아노를 즐겨 치다

A: 피아노 배운 지 얼마나 됐어요?
B: 한 10년 됐네요.
A: 그럼 정말 잘 치겠어요!
B: 그런대로요, 그저 그래요.

3. 음악을 즐겨 듣다

A: 와! CD가 정말 많네.
B: 음악을 즐겨 듣거든.
A: 클래식을 즐겨 듣는 거야 유행가를 즐겨 듣는 거야?
B: 음악이라면 다 좋아.

4. 나쁜 습관

A: 내가 취미가 얼마나 많은데.
B: 그래? 어디 한 번 들어보자.
A: 내가 좋아하는 건 음주, 흡연, 늦잠……
B: 그게 무슨 취미야, 완전 나쁜 습관이잖아.

第七课 在中国的感受 중국에서의 느낌

课文 본문

기말고사가 끝나자, 미정은 명호와 채팅을 하면서 중국에 대한 여러 가지 느낌을 이야기했습니다. 중국의 대학생은 공부를 열심히 한다던가, 중국의 교수님들이 때로는 학생들과 친구처럼 지낸다던가, 중국인은 친절하고 손님 접대를 좋아하며, 설에는 폭죽을 터뜨려 정말 왁자지껄하고, 중국은 자전거 왕국이며, 중국에 진출한 국제 브랜드가 갈수록 많아진다는 등등이었습니다. 명호는 또 왕푸징을 가장 즐겨 간다면서, 그곳에는 쇼핑센터라든지, 의류 매장, 먹자골목, 야시장 등이 있고, 옛 베이징 골목도 있다고 했습니다. 미정은 가보지 못했지만, 안타깝게도 명호는 내일 일이 있어 갈 수가 없습니다.
다음날, 미정은 혼자 왕푸징에 가서 베이징의 골목을 둘러보고, 제대로 된 신지앙 양꼬치도 맛보았습니다. 그리고 겸사겸사 야시장에도 가서 중국 특산품을 좀 샀습니다.

常用会话 생활회화

1. 택시를 타다

A: 안녕하세요, 어디로 모실까요?
B: 베이징 미술관이요. 기사님, 죄송한데 좀 빨리

가주세요.
A: 창안로로 갈까요 제2도로로 갈까요?
B: 제가 잘 몰라서요, 빠른 길로 가주세요.

2. 번화가

A: 거리에 쇼핑센터가 이렇게 많다니, 정말 시끌벅적한데!
B: 여기가 바로 상하이 번화가 난징루야.
A: 어쩐지 사람이 많더라니.
B: 주말에는 걸을 수도 없을 정도로 사람이 많아.

3. 돈이 부족하다

A: 인민폐가 부족하네.
B: 환전하러 가자.
A: 이 시간에 은행 문 닫을 걸.
B: 중국 은행은 영업시간이 5시까지니까, 지금 가도 늦지 않아.

4. 별미 먹거리

A: 지친다, 더 못 걷겠어. 우리 뭐 좀 먹자.
B: 앞쪽에 베이징 별미 음식이 있어.
A: 냄새가 진짜 좋다! 이렇게 저렴한 줄은 몰랐네.
B: 여기 먹거리가 종류도 다양하고 저렴해.

第八课 送行告别 배웅과 이별

课文 본문

시간이 빠르게 흘러, 어느덧 반년이 지났습니다. 이번 학기가 끝나서, 내일이면 방학입니다. 미정은 비행기표를 사지 못할까봐 일찌감치 표를 예매해두었습니다. 그녀는 짐을 다 정리하고 귀국을 준비합니다.
귀국하는 날, 친구들이 모두 그녀를 배웅하러 모두 공항에 나왔습니다. 미정은 그들의 친절에 눈물을 글썽일 정도로 감동했습니다. 친구들은 그녀의 건강과 평안을 빌어주며, 자주 연락하고 지내자고 했습니다. 미정은 반년 동안의 도움과 보살핌에 감사하며, 기회가 된다면 한국에서 만날 수 있기를 바랐습니다.
탑승해야 할 시간이 얼마 남지 않았습니다. 미정은 모두에게 손을 흔들며 작별 인사를 했습니다.

常用会话 생활회화

1. 표가 부족하다.

A: 언제 출발이지?
B: 이번 달 말에.
A: 왜 이렇게 늦게 가?
B: 방학에는 표가 부족해, 예매가 어려워.

2. 수화물 중량 초과
A: 고객님, 이 박스 두 개는 중량 초과입니다.
B: 추가 비용을 받나요?
A: 중량초과비 100위안을 내셔야 합니다.
B: 그렇게 하죠.

3. 탑승
A: 제 탑승권인데요, 어디에서 탑승하나요?
B: 3번 탑승구에요, 바로 여기입니다.
A: 지금 탑승할 수 있나요?
B: 시간이 아직 일러요, 대합실에서 기다려 주세요.

4. 짐을 분실하다
A: 제 짐을 찾을 수가 없어요.
B: 어떻게 생긴 짐입니까?
A: 보라색의 대형 트렁크에요.
B: 잠시 기다리세요, 확인해 드리겠습니다.

第一课 不一样就是不一样 다르긴 다르네요

看图回答1 그림연상학습 1

1. 美贞住的宿舍是几人一室的？里面都有什么设施？
   是两人一室的。里面不仅带卫生间，还有空调、电视、冰箱和无线网络。

2. 美贞住的宿舍是免费提供的吗？
   不是免费提供的，住宿费一个月1,350元。

3. 美贞觉得她的同屋怎么样？
   美贞觉得她的日本同屋人很好，长得很可爱。

4. 杨梅来宿舍做什么？她觉得美贞的宿舍怎么样？
   杨梅来美贞的宿舍参观。杨梅觉得相当不错，简直像个公寓。

5. 图中美贞的同屋穿的是中国旗袍还是日本和服？
   美贞的同屋穿着日本和服。

6. 如果住宿舍，你要住几人一室的？为什么？
   （自由回答）

7. 请说说韩国学校的宿舍情况。
   （自由回答）

看图回答2 그림연상학습 2

1. "同屋"是一起工作的人还是一起住宿舍的人？
   "同屋"是一起住宿舍的人。

2. 图中她们在美贞租的房子里吗？
   她们在美贞住的宿舍里。

3. 美贞的书桌靠窗还是靠门？
   美贞的书桌靠窗。

4. 她们在躺着聊天还是坐着聊天？
   她们俩在坐着聊天。

5. 请找找看，哪个是闹钟、储蓄罐和台灯。
   （自由回答）

6. 你觉得住宿舍好还是租房子好？为什么？
   （自由回答）

7. 请介绍一下你住的房间。
   （自由回答）

听力 듣기훈련

第一部分

1. 男：我五点半约了朋友，现在几点了？
   女：快走吧！已经六点了。
   问：可以知道男的怎么了？
   C. 已经迟到了

2. 男：这就是我的宿舍，请进。
   女：哇，宿舍真好！简直不像宿舍，像个公寓。
   问：他们在哪儿说话？
   B. 宿舍

3. 男：图书馆很安静，我喜欢在图书馆学习。
   女：图书馆？我不喜欢！我坐在图书馆里总困。
   问：谁爱去图书馆学习？
   A. 男的

4. 男：电影院里可以吃东西吗？
   女：怎么不行，大家都一边儿吃东西一边儿看电影呢。
   问：电影院里可不可以吃东西？
   A. 可以

5. 女：你们学校的宿舍怎么样？
   男：我觉得不错。空调、电话都有，一楼还有一个很大的公共厨房呢。
   问：他们在谈什么？
   A. 学校的宿舍

第二部分

1. 我们学校图书馆的设施很好，不仅有空调、电视，还有咖啡厅呢。
   问：哪儿的设施很好？
   C. 图书馆

2. 弟弟最近每天早上一到七点就去图书馆学习，非常努力。他说快考试了。
   问：弟弟最近怎么样？
   B. 努力学习

3. 我们宿舍里一点儿都不安静，每次考试我都不能学习，所以去图书馆。
   问：我为什么不在宿舍里学习？
   C. 宿舍不安静

4. 他们两个是好朋友，每天一起上学，一起学习，一起吃饭，简直像个兄弟一样。
   问：他们是什么关系？
   C. 朋友

5. 我觉得在外面租房子，不如住学校宿舍。因为住宿舍不仅上课方便，还能认识很多朋友。
   问：我觉得住哪儿更好？
   B. 宿舍

练习 연습문제

1. ① A：这里的服务 D. 相当 好。
      B：我也这么觉得。
   ② A：她长得真漂亮，B. 简直 像个明星。
      B：她爸妈都长得好看。
   ③ A：明天的旅游是怎么安排的？

　　B：上午 A. 参观 故宫，下午去爬长城。
2. ① 你该吃点儿中药了。
　　B. 一到春天总累总困。
　② 一楼有公共洗衣机。
　　C. 这么多衣服你自己怎么洗？
　③ 快考试了，最近都在学习。
　　D. 最近总看不到你，在忙什么？
　④ 听说是香港人，可我还没见到。
　　A. 你的同屋是哪里人？

阅读 단문독해

1.

나는 유달리 더위를 타고, 또 땀이 잘 난다. 특히 내가 사는 기숙사에는 에어컨이 없고, 천장에 선풍기만 있다. 그래서 여름만 되면 밤에 늘 꿈을 꾸느라 잠을 설쳐, 낮에 수업할 때 늘 졸리다.

★ 根据这段话可以知道：C. 夏天宿舍里很热

2.

우리 회사에는 기숙사와 구내 식당이 있다. 기숙사의 시설이 아주 좋지는 않지만 TV, 에어컨, 세탁기가 구비되어 있으며, 온수도 하루 종일 공급된다. 식당 관리인은 친절하지만, 구내 식당의 음식은 그저 그렇다. 그래서 일주일에 두 번 나는 룸메이트와 함께 장을 봐와서 직접 해 먹는다. 나는 산동 사람이고 그는 광동 사람이다. 그는 광동요리를 하고 나는 산동요리를 하는데, 서로 다른 맛의 요리를 만들다 보니 식욕도 더 좋아진다.

★ 宿舍怎么样？ C. 有电视和洗衣机
★ 下面哪一项是不正确的？ C. 我每天做饭给同屋吃

第二课 有缘千里来相会
인연이 있으면 천리 밖에서도 만난다

看图回答1 그림연상학습 1

1. 美贞是在哪儿认识张丹的？
　美贞是在国家图书馆里认识张丹的。
2. 美贞和张丹都去图书馆干什么？
　美贞去图书馆借书，张丹去图书馆还书。
3. 张丹在清华大学读书吗？ 她的专业是什么？
　张丹在清华大学读书。她的专业是会计。
4. "有缘千里来相会"是什么意思？
　两个有缘分的人，虽然离得很远，但都会见面的。
5. 她们第一次见面，谈得来谈不来？

她们很谈得来。
6. 在中国的图书馆借书后两周内要还，韩国呢？
（自由回答）
7. 你和你的好友是什么时候、怎么认识的？
（自由回答）

看图回答2 그림연상학습 2

1. 北大汉语班除了听力课，还有什么课？
　除了听力课，还有口语、阅读和写作课。
2. 美贞一周上四节课还是一天上四节课？
　一天上四节课。
3. 美贞喜欢上什么课？ 为什么？
　美贞喜欢上口语课。因为她想用流利的汉语和中国人交流。
4. 美贞自己怎么学习汉语？
　美贞每天听录音学习汉语。
5. 美贞听录音听不懂的时候怎么办？
　美贞听不懂的时候，再听录音。
6. 我们在图书馆里除了看书，还能做什么？
　（自由回答）
7. 你的汉语哪个方面还行？ 哪个方面比较差？
　（自由回答）

听力 듣기훈련

第一部分
1. 女：你们的汉语老师讲课讲得怎么样？
　男：讲得好，而且容易明白。
　问：男的觉得汉语老师怎么样？
　C. 教得不错
2. 女：快起来吧！已经七点了！
　男：妈，我今天上午没有课，可以多睡一会儿。
　问：男的是什么意思？
　B. 晚点儿起床
3. 女：我要去图书馆借书，要不要帮你还书？
　男：不用了，上次借的那本书我还没看完呢。
　问：女的要去干什么？
　B. 借书
4. 女：怎么样？ 听懂了没有？
　男：不好意思，我还是不懂。请再说慢点儿，好吗？
　问：男的认为女的说话怎么样？
　C. 说得比较快
5. 女：你这次HSK考得怎么样？
　男：唉，别说了。不但是我，大家都说今年太难了。
　问：可以知道男的考得怎么样？

A. 考得不好

第二部分

1. 我们都爱去学校食堂吃午饭，不仅便宜，而且每天还供应不同的水果。
   问：学校食堂供应什么？
   B. 水果
2. 弟弟不仅在学校里用功，回家后除了吃饭，他总在房间里听录音，背课文。
   问：可以知道弟弟怎么样？
   A. 努力学习
3. 陈老师是我们的英语口语老师，她讲课讲得很有意思，我们都喜欢听她的课。
   问：我们喜欢听什么课？
   C. 口语课
4. 写汉字虽然很难，但很多韩国人学过汉字，他们觉得写汉字不是特别难的。
   问：很多韩国人觉得写汉字怎么样？
   B. 不太难
5. 几年前，西西去旅游的时候在飞机上认识了现在的丈夫。他们真是有缘千里来相会。
   问：这段话说的是什么？
   A. 人的缘分

练习 연습문제

1. ① A: 你们学校门口有很多卖水果的。
     B: 对， D. 其中 卖香蕉的最多。
   ② A: 我不会说汉语，怎么和他 C. 交流 呢？
     B: 他韩语说得不错，你们可以用韩语。
   ③ A: 她是韩国人还是中国人？
     B: 韩国人。但她的汉语很 A. 流利 ，简直像中国人。
2. ① 你今天有几节课？
     B. 上午两节，下午一节。
   ② 我看你们俩很谈得来。
     D. 昨天我和她聊了一个晚上。
   ③ 我说的，你听明白了吗？
     A. 这……我还是不懂。
   ④ 是啊，回家可以听录音学习。
     C. 你每次上课都录音吗？

阅读 단문독해

1.

어릴 적 어머니는 "인연이 있으면 멀리서도 만나게 되고, 인연이 없으면 지척에 있더라도 만나지 못한다"고 자주 말씀하셨다. 인연이라는 것은 정말 신기하다. 어떤 사람은 오래 동안 알고 지냈어도 친구가 되지 못하고, 어떤 사람은 첫 만남에서 생사를 나누는 벗이 되니 말이다.

★ 下面哪一项是不正确的？ B. 久了一定成朋友

2.

곧 여름방학이 되면. 나는 방학을 이용해 중국어를 공부할 생각이다. 하루는, 친구가 나를 데리고 중고서점을 구경하러 갔는데, 그곳은 오래된 책을 팔 뿐 아니라 사장님의 외국인을 위한 중국어 수업도 열렸다. 매일 2시간씩, 오전 1시간, 오후 1시간 수업을 했다. 서점 사장님은 강의를 잘하셨지만, 처음 시작했을 때는 말이 너무 빨라서 알아듣지 못했다. 그는 내가 알아듣지 못하는 것을 보고 천천히 다시 한번 설명해주었다. 정말 친절하셨다.

★ 可以知道书店老板： A. 教中文
★ 书店的开课安排是： B. 一天两节

第三课 无聊没事做 할 일이 없어 심심해요

看图回答1 그림연상학습 1

1. 明浩和美贞是刚认识的新朋友吗？
   他们在韩国是学长学妹，他们俩很熟悉。
2. 明浩和美贞经常见面吗？为什么？
   明浩和美贞各忙各的，平时很少见面。
3. 美贞打电话找明浩是因为有急事吗？
   没有急事，只是想约明浩一起去看电影。
4. 图中美贞想看中国电影还是外国电影？
   图中美贞想看外国电影。
5. 图中他们在电影院干什么？
   图中他们在电影院买了两张电影票。
6. "各忙各的"是说每个人都在忙还是自己一个人在忙？
   "各忙各的"是说每个人都在忙。
7. 你无聊的时候怎么打发时间？
   （自由回答）

看图回答2 그림연상학습 2

1. 美贞为什么打电话到明浩的宿舍？
   因为美贞给明浩打了几次手机，他都不接。
2. 图中戴眼镜接电话的人是谁？他对美贞说什么？

他是明浩的室友。他对美贞说明浩现在不在，晚上才回来。

3. 明浩怎么知道美贞来过电话？
明浩的室友转告他了。

4. 明浩回电话约美贞去看电影了吗？
他没约美贞去看电影。

5. 美贞和明浩通过电话后，她心情怎么样？
美贞和明浩通过电话后，心情不怎么好。

6. 明浩说他没空见面，你觉得是真的没空还是找借口？
（自由回答）

7. 心情不好时有人喝酒有人哭，你呢？
（自由回答）

听力 듣기훈련

第一部分

1. 女：我们什么时候一起去看电影呢？
男：我今天比较忙，明天有课，后天吧。
问：男的说什么？
C. 后天看电影

2. 男：喂，来来公司吗？请王老板接电话好吗？
女：您打错了，这里是餐厅。
问：可以知道男的怎么了？
A. 打错电话

3. 女：他现在不在。请问，你找他有事儿吗？
男：没事儿，只想和他聊聊。我打他手机吧。
问：男的为什么打了电话？
C. 想聊天

4. 女：你无聊的时候做什么？
男：哪有时间无聊啊！天天打工，忙得都没时间吃饭呢。
问：男的是什么意思？
A. 没空无聊

5. 男：请问，有没有星期六上午去上海的机票？
女：请稍等。星期六上午的订完了，晚上的有票，要吗？
问：有没有星期六的票？
C. 只有晚上的

第二部分

1. 美贞想约张丹去看电影。但张丹没带手机，美贞只好晚上打她家里电话。
问：美贞要往哪里打电话？
C. 张丹家

2. 西西病了，东东帮她打电话向老师请假。老师让东东转告西西好好儿休息。
问：西西请什么假？
A. 病假

3. 我和西西约好六点一起吃饭。我不到六点就到了，可是西西听错了时间，她七点才来。
问：西西为什么迟到了？
A. 听错时间

4. 我打电话告诉东东，同学们打算星期六一起去医院看王老师。但他说昨天已经去过了。
问：我打电话给谁了？
A. 东东

5. 周末，见朋友的见朋友，出去玩儿的出去玩儿，就他一个人在宿舍里没事做，也没地方去。
问：可以知道他心情怎么样？
B. 无聊

练习 연습문제

1. ① A：请问，电影院在哪儿？
B：不好意思，这附近我不 D. 熟悉 。
② A：下雨天不能出去，在家里真 A. 无聊 。
B：你不能帮妈妈打扫房间吗？
③ A：你今天怎么这么高兴？
B：儿子考上了人民大学，C. 心情 特别好。

2. ① 小王来了没有？
C. 他在路上，马上就到。
② 是不是你没付手机费？
B. 我的手机不能打了。
③ 您订了经济舱还是商务舱？
D. 经济舱没票，只好订了商务舱。
④ 不但认识，而且我们很熟悉。
A. 你认识他吗？

阅读 단문독해

1.

아침에 늦게 일어나는 바람에, 휴대폰 챙겨오는 것을 깜빡 했다. 엄마는 나와 연락할 방법이 없어서, 회사로 전화를 걸어 나를 찾았다. 그때 내가 마침 중요한 전화를 받는 중이라, 동료가 내게 전달해주었다. 나는 전화를 끊고 엄마에게 전화를 걸었다. 알고 보니 엄마는 오늘 내가 퇴근하기를 기다려, 함께 고향 만두를 먹으러 갈 생각이었다.

★ 下面哪一项没提到？ C. 妈妈在饺子店里等我

2.

★ 朋友们为什么在老地方见？ B. 是王平的生日

★ 下面哪一项是正确的？ A. 我周日在上海

第四课　火锅暖人情　훠궈의 따뜻한 정

看图回答1 그림연상학습 1

1. 中国人什么时候爱吃火锅？美贞吃过吗？
   中国人冬天爱吃火锅，美贞只听说过从来没
   吃过。

2. 今天谁请谁吃什么？
   今天王平请美贞吃涮羊肉。

3. 涮羊肉的材料只有羊肉吗？
   除了羊肉，还有白菜、冻豆腐、香菇、黑木
   耳、粉丝等等，材料很丰富。

4. 王平点了多少涮羊肉？点了什么酒水？
   王平点了两人份的涮羊肉，还点了白酒和可乐。

5. 图中餐厅服务员在做什么？
   餐厅服务员在写他们点的菜单。

6. 王平和美贞吃中国美食还是日本料理？
   王平和美贞吃中国美食。

7. 你和朋友一起吃饭怎么买单？一个人请客还
   是大家AA制？
   （自由回答）

看图回答2 그림연상학습 2

1. 涮羊肉的羊肉怎么样？
   涮羊肉的羊肉肥而不腻，又香又嫩。

2. 他们边吃边干什么？
   他们边吃边喝，边说边笑。

3. 美贞今天和王平吃饭，心情怎么样？
   这顿晚餐美贞吃得非常愉快。

4. 美贞吃了一顿简单的晚餐还是丰富的晚餐？
   美贞吃了一顿丰富的晚餐。

5. 图中美贞看起来很高兴。为什么？
   一来美贞尝到了涮羊肉，二来她用汉语和王
   平聊天儿，口语进步了不少。

6. 你刚刚和谁通过电话？你们聊了些什么？
   （自由回答）

7. 你爱吃蔬菜还是肉类？爱不爱吃水果？
   （自由回答）

听力 듣기훈련

第一部分

1. 女：一共二百六，您付现金吗？
   男：不，我要刷卡。
   问：可以知道男的在干什么？
   C. 结账

2. 男：我要去超市买饮料，你要不要？
   女：我不要饮料，你帮我买个豆腐和粉丝来
   吧。
   问：女的不需要什么？
   A. 饮料

3. 男：中午咱们去麦当劳吃汉堡怎么样？
   女：吃汉堡不如回家吃馒头。
   问：女的是什么意思？
   C. 不吃汉堡

4. 女：你吃饺子还是米饭？
   男：早上吃了米饭，我想尝尝这里的羊肉饺子。
   问：男的要点什么？
   B. 饺子

5. 女：我们南方人不太爱吃辣的，爱吃甜的。
   你们北方人呢？
   男：我们北方人喜欢吃咸的。
   问：南方人喜欢吃什么？
   A. 甜的

第二部分

1. 他们一家人都不爱吃面食，所以从来不吃。
   一年365天他们都吃米饭。
   问：他们家的主食是什么？
   A. 米饭

2. 东东过生日那天，我们边吃火锅边喝啤酒。
   吃好了以后，大家AA制结账了。
   问：我们喝了什么酒水？
   B. 啤酒

3. 今天我们打算在学校附近的中国餐厅吃晚
   饭，听说那里不能刷卡，所以我们都带了现
   金过去。
   问：我们为什么不用信用卡结账？
   C. 这里只收现金

4. 弟弟最喜欢吃汉堡，怎么吃也吃不腻。但是
   听老师说汉堡吃多了对身体不好以后，他就
   不吃了。
   问：弟弟为什么不吃汉堡了？

C. 对身体不好

5. 弟弟请朋友吃饭，结账的时候现金不够，又
没带信用卡。只好打电话找哥哥，不久哥哥
来帮他结账了。
问：弟弟为什么找哥哥？
B. 钱不够了

练习 연습문제

1. ① A：我要准备明天请客的 C. 材料 。
   B：需要我帮忙吗？
   ② A：他这么努力一定会有 D. 进步 。
   B：谁说不是呢。
   ③ A：周末大家好好儿休息吧，辛苦了。
   B：谢谢，周末 A. 愉快 ！
2. ① 因为北方人爱吃面食。
   C. 北方人经常吃饺子。
   ② 我们两个人吃了三人份。
   A. 你们吃了几人份？
   ③ 天气冷，晚上吃火锅怎么样？
   D. 好啊，我去买材料回来。
   ④ 你总不吃早饭，这对身体不好。
   B. 早上我没时间吃饭。

阅读 단문독해

1.

중국요리는 맛이 좋고, 재료도 풍부하다. 다만 식사하
러 음식점에 갈 때는 현금을 조금 챙기는 것이 좋다.
중국의 맛있고도 제대로 된 대부분의 맛집들은 카드
결제로는 계산이 안되고, 현금만 가능하기 때문이다.

★ 中国地道的小饭馆大部分怎么样？ C. 不收
信用卡

2.

동동은 탁구 치는 것을 굉장히 좋아해서, 이번에도 학
교 탁구 시합에 출전했다. 결과적으로는 졌지만, 그래
도 즐거웠다. 첫째로는 스스로 예전보다 실력이 많이
늘었다고 느꼈기 때문이고, 둘째로는 유쾌한 주말을
보냈기 때문이다. 그를 더욱 기쁘게 한 것은 귀갓길에
그가 좋아하는 여가수와 우연히 마주쳐, 그녀의 친필
사인까지 받은 일이다.

★ 最让东东高兴的事是什么？ C. 拿到歌手的
签名

★ 下面哪一项是不正确的？ C. 东东初次参加
乒乓球赛

第五课 百闻不如一见 백문이 불여일견

看图回答1 그림연상학습 1

1. 美贞为什么要去上海？
   美贞听说上海是中国经济、金融、贸易中
   心，也是一个国际大城市，她也想去看看。
2. 美贞是坐飞机去上海了吗？
   美贞是坐火车去上海的。
3. 美贞买了单程票还是往返票？
   美贞买了单程票。
4. 图中美贞在看旅游书还是中文小说？
   美贞在看旅游书。
5. 你觉得图中美贞在哪儿干什么？
   （自由回答）
6. 除了首尔，你最近去过韩国别的城市吗？
   （自由回答）
7. 你喜欢自己一个人去旅游还是和家人朋友一
   起去？
   （自由回答）

看图回答2 그림연상학습 2

1. 美贞买了哪一种车票？是特快还是普快？
   美贞买了一张软卧下铺的单程火车票，是特快。
2. 美贞在网上买票还是在售票处买票？
   美贞在售票处买票。
3. 美贞去上海花了多长时间？她觉得远不远？
   美贞去上海花了十五个小时，她觉得有点儿远。
4. 美贞在上海去了哪些地方？
   美贞在上海去了南京路、外滩、东方明珠塔
   和城隍庙的小吃街，还去了韩国城。
5. 美贞在上海发现什么有趣的事？
   美贞在上海发现，比起普通话，上海人更爱
   说上海话。
6. 你觉得图中美贞在对售票员说什么？
   （自由回答）
7. 为什么很多人喜欢坐火车去旅游？
   （自由回答）

听力 듣기훈련

第一部分

1. 男：请问，车票一张多少钱？
   女：单程30，往返50。
   问：往返票比单程票贵多少？
   A. 20元
2. 男：两张去沈阳的特快。
   女：早上五点的还是晚上八点的?
   问：可以知道女的是谁？

C. 售票员
3. 女：您要上铺的还是下铺的？
　 男：我个子高，下铺比较方便。
　 问：男的为什么要下铺？
　 A. 他长得高
4. 男：还有星期六晚上的电影票吗？
　 女：星期六的卖完了，星期天的还有几张。
　 问：什么时候的电影票已经卖完了？
　 B. 周六
5. 男：首发车几点开？是不是太早了。
　 女：不早，差一刻九点开。我们八点半到也
　　　 不晚。
　 问：首发车几点开？
　 B. 八点四十五

第二部分
1. 这次过年放长假，大家都回家。所以票早卖
　 光了，我们只好买了站票。
　 问：这句话说什么？
　 C. 过年只有站票
2. 从南京路到城隍庙的地铁，首发车是早上五
　 点半，末班车是晚上十一点。
　 问：早上五点半的是什么车？
　 A. 首发车
3. 从哈尔滨到天津，特快不到12个小时，普快
　 要16个小时才能到。
　 问：哈尔滨到天津的普快要多长时间？
　 C. 16个小时
4. 售票员说，软卧上铺是120元，下铺是190
　 元。我买了上铺的，因为价钱便宜很多。
　 问：上铺票比下铺的便宜多少？
　 B. 70元
5. 上海人说上海话，山东人说山东话，两个人
　 不能交流。最后用了普通话，他们边说边笑
　 了。
　 问：两个人怎么交流？
　 C. 说普通话

练习 연습문제
1. ① A：我要订一张去法国的机票。
　　　 B：您要 B. 单程 的还是往返的？
　 ② A：有个明星来我们学校参观！
　　　 B：谁？我要 A. 亲眼 去看看。
　 ③ A：昨晚我出去散步，回来才发现我穿了
　　　　 一只蓝鞋和一只黑鞋。
　　　 B：哈哈！真 D. 有趣 ！

2. ① 有，是末班车。
　　 C. 这个时间也有地铁吗？
　 ② 你买到票了吗？
　　 D. 没买到，票早就卖光了。
　 ③ 是啊，听过不如看过。
　　 A. 百闻不如一见！
　 ④ 哪里，比起你我还差得远呢。
　　 B. 你的字写得真漂亮。

阅读 단문독해

1.

자전거 여행의 장점은 자유롭고, 기차가 닿을 수 없는
작은 도시에도 갈 수 있다는 것이다. 기차 여행의 장
점은 자전거가 닿을 수 없는 고산 지대까지 갈 수 있
다는 것이다. 자전거 여행의 단점은 체력과 시간 소모
가 크고 조금 위험하다는 것이고, 기차 여행의 단점은
정해진 노선으로만 다닐 수 있고 대강의 모습만 볼 수
있다는 것이다.

★ 下面哪一项是不正确的？ B. 火车旅游很自由

2.

저는 어릴 때부터 경제와 금융에 흥미를 느껴, 대학에
서 경제를 공부했습니다. 상하이는 중국의 경제 금융
중심지로, 졸업 후에 나는 발전을 위해 상하이로 갈
생각입니다. 상하이에서 일을 하려면 상하이 방언을
할 줄 아는 게 가장 좋다고들 합니다. 저는 북쪽의 소
도시에서 자라서, 고향 사투리 외에는 표준어 밖에 할
줄 모르는데, 제가 상하이 방언을 배워야 할까요？

★ 我为什么想去上海？ B. 对上海感兴趣
★ 根据这段话可以知道：A. 我会说普通话

第六课 共同爱好 공통 취미

看图回答1 그림연상학습 1
1. 美贞的爱好是什么？张丹呢？
　 美贞的爱好是游泳、滑雪和逛街，张丹的是
　 做菜、摄影和打乒乓球。
2. 张丹打乒乓球打得好还是游泳游得好？
　 张丹打乒乓球打得很好。
3. "聊着聊着发现…"是说早就知道了还是刚知
　 道的？
　 "聊着聊着发现…"是对话时刚知道的意思。
4. 图中美贞和张丹边喝什么边聊什么？
　 她们边喝饮料边聊爱好。
5. 你的兴趣爱好都有什么？
　 （自由回答）

6. 谈起"中国"，你会想到什么？
（自由回答）
7. 你知道你父母和兄弟姐妹的爱好吗？
（自由回答）

看图回答2 그림연상학습 2
1. 她们是网迷还是球迷？
美贞和张丹是铁杆儿球迷。
2. "铁杆儿"是忠实的意思还是不忠实的意思？
"铁杆儿"是忠实的意思。
3. 她们都是哪国队的球迷？
她们都是巴西队的球迷。
4. 她们约好下周六去干什么？
她们约好下周六一起去看足球友谊赛。
5. 图中美贞在加油还是在踢球？
美贞和张丹一起为足球队加油。
6. 你对球类运动感不感兴趣？
（自由回答）
7. 请说说你和好朋友的共同爱好。
（自由回答）

听力 듣기훈련
第一部分
1. 男：我喜欢摄影、打篮球和玩游戏。你有什么爱好？
女：我的爱好是听音乐、跳舞，做菜，我也喜欢摄影。
问：他们的共同爱好是什么？
B. 摄影
2. 女：我平常喜欢跑步，周末就去爬山或者游泳。
男：你也喜欢有氧运动啊。我每天骑自行车呢。
问：男的和女的在谈什么？
B. 运动
3. 女：日本足球队和美国足球队哪一队踢得好？
男：两个队踢得都不错。今天的这场球赛一定很热闹。
问：女的想知道什么？
C. 哪个队踢得好
4. 男：冬天到了，我可以准备去滑雪了。
女：你会滑雪啊！我正想学学。你什么时候去？教教我吧。
问：女的想做什么？
A. 学滑雪
5. 男：一谈起足球，我就想起巴西队。我是巴西队的球迷，你呢？
女：你别问我，我对球类运动一点儿兴趣都

没有。
问：男的在谈什么？
B. 足球

第二部分
1. 小王不抽烟，不喝酒，身体很健康。但最近生意太忙，累病了。
问：小王最近怎么样？
A. 健康不好
2. 姐姐最爱听古典音乐，弟弟一听到古典音乐就困。弟弟说他爱听流行歌曲，越听越愉快。
问：姐姐喜欢听什么音乐？
A. 古典音乐
3. 小王每周都去看电影，他什么电影都看。小李爱做运动，他一有空就去体育场运动。
问：可以知道小王是个什么迷？
B. 电影迷
4. 西西学了十几年的钢琴，现在是音乐老师。她妹妹学了两年的钢琴，是音乐系的学生。
问：西西做什么工作？
B. 老师
5. 小王不仅喜欢看球赛，还喜欢打球。乒乓球、足球、篮球他都会，去年他还参加了足球比赛呢。
问：可以知道小王喜欢做什么运动？
C. 球类运动

练习 연습문제
1. ① A：你什么时候 A. 发现 钱包不见了？
B：在超市买了东西要付钱的时候。
② A：两位都有什么爱好？
B：我们的 C. 共同 爱好就是听古典音乐。
③ A：今天的比赛，爸爸会给巴西队加油吗？
B：那当然，你爸爸是巴西队的 D. 铁杆儿 球迷呢。
2. ① 是吗？这我还第一次听说呢。
D. 听说在健身前要先做点儿有氧运动。
② 旅游可以发现很多你不知道的。
A. 人人都喜欢旅游，
③ 我们的共同爱好就是各忙各的。
C. 你和你丈夫有什么共同爱好？
④ 谈起爱好，很多人爱看书和听音乐，
B. 但我的爱好是做菜和摄影。

1.

남동생은 어릴 때 열심히 공부하지 않고, 일도 대충해
서, 부모님께서 많이 걱정하셨다. 하지만 고등학생이
되자 남동생도 변했다. 그는 공부하기 시작했고, 피아
노도 배웠으며, 이야기 하는 것도 갈수록 재미있어졌
다. 지금, 남동생은 학교에서 유명해져서, 그를 모르
는 사람이 없다. 많은 열성 팬도 생겼다.

★ 关于弟弟下面哪一项是错的？ B. 上了高中
不太用功

2.

사람들은 모두 자신만의 흥미와 취미를 가지고 있다.
어떤 사람은 공부하는 것을, 어떤 사람은 노래 부르는
것을, 어떤 사람은 피아노 치는 것을, 어떤 사람은 컴
퓨터 하는 것을 좋아한다. 내 취미는 춤이다. 사람마
다 자신만의 꿈이 있다. 내 꿈은 연극배우와 무용선생
님이다. 나는 초등학교 4학년 때 라틴댄스를 배웠다.
수업시간 마다 나는 선생님을 따라서 진지하게 춤을
췄다. 아무리 어려운 동작이라도, 나는 모두 따라 할
수 있었다. 최근에 참가한 3번의 경기에서는 모두 금
메달을 땄다.

★ 哪个不是我的梦想？ C. 歌手
★ 关于我，哪项是正确的？ C. 跳舞得了第一名

第七课 在中国的感受 중국에서의 느낌

看图回答1 그림연상학습 1

1. 美贞什么时候和明浩上网聊天？
   期末考试一结束，美贞和明浩上网聊天。
2. 他们谈了对中国的哪些感受？
   中国大学生学习认真；中国教授和学生有时
   像朋友似的；中国人热情好客；中国春节放
   鞭炮热闹得很；中国是自行车王国；进入中
   国的国际品牌越来越多等等。
3. 明浩说王府井怎么样？
   明浩说王府井里什么购物中心、服饰店、小
   吃街、夜市都有，还有老北京的胡同。
4. 明浩能不能陪美贞去王府井？
   明浩有事儿，不能陪美贞去王府井。
5. 图中美贞的电脑是笔记本还是台式机？
   美贞的电脑是笔记本。
6. 在韩国，考试一结束大家都做什么？
   （自由回答）
7. 你喜欢和朋友电话聊天、上网聊天还是见面
   聊天？

（自由回答）

看图回答2 그림연상학습 2

1. 美贞到哪儿去了？ 有没有人陪她？
   美贞到王府井去了，她自己一个人去。
2. "可惜"的感觉是没办法还是了不起？
   "可惜"是没办法的感觉。
3. 美贞在王府井逛了哪儿？ 尝了什么？
   美贞在王府井逛了北京胡同，尝了地道的新
   疆羊肉串儿。
4. 王府井是购物中心还是金融贸易中心？
   王府井是购物中心。
5. 中国的夜市和韩国的有什么不同？
   （自由回答）
6. 如果去旅游，你愿意逛大街还是串胡同儿？
   （自由回答）
7. 学汉语以前和以后，你对中国的感受有什么
   不同？
   （自由回答）

听力 듣기훈련

第一部分

1. 女：逛街走累了，我们找个地方休息吧。
   男：好。我带你去胡同尝尝地道的中国茶。
   问：他们要去干什么？
   A. 喝茶
2. 男：老师，我们现在去美术馆还是小吃街？
   女：我看大家都饿了，先去吃点儿东西吧。
   问：他们要去哪儿？
   B. 小吃街
3. 女：买了这么多东西，钱都不够了。附近有
   　　银行吗？
   男：你看，对面那边就有一家。
   问：女的为什么找银行？
   A. 她钱不够了
4. 女：我去超市，顺便买几斤羊肉回来。
   男：好哇！那晚上就吃羊肉火锅吧，我好久
   　　没吃了。
   问：男的说什么？
   A. 吃火锅
5. 女：外面不下雨了，天气真好。
   男：你又想出去逛街了是不是？ 今天公司有
   　　事儿我去不了。
   问：男的是什么意思？
   B. 不能去逛街

第二部分

1. 我这次去北京出差，顺便见了老朋友，还参观了他的公司。
问：我去北京主要是做什么？
A. 出差

2. 早就听说王府井是北京有名的繁华区。不只是白天，晚上也很热闹。
问：可以知道王府井怎么样？
C. 全天都很热闹

3. 一到了宿舍，我就上网和爸妈聊天。我告诉他们来到中国的感受和宿舍的情况。
问：我没告诉爸妈什么？
A. 中国朋友

4. 这条街最热闹，主要是因为商店多，什么都能买到。特别是周末，这里人多得走不动。
问：这条街为什么热闹？
B. 商店多

5. 东东不知道怎么去颐和园，叫我带他去。我问他坐地铁还是坐出租车，他说什么快坐什么去。
问：东东想怎么去颐和园？
C. 什么快就坐什么

练习 연습문제

1. ① A：你这件衣服真漂亮，是上网买的吗？
B：是啊。网上 C. 购物 又方便又便宜。
② A：你去超市 B. 顺便 帮我买牛奶回来吧。
B：行，买几瓶？
③ A：这次的英文考试，听说你们班里有人得了100分。
B：对。A. 可惜 那个人不是我。

2. ① 有我在，别怕！
B. 我最怕晚上走胡同儿。
② 不，我大姐和二姐给我的。
D. 你的生活费都是父母给你的吗？
③ 这就是上海最有名的小吃街。
A. 这里人多得走不动。
④ 中国朋友经常请我吃饭，我都不好意思。
C. 你要知道中国人很好客。

阅读 단문독해

1.

★ 根据这段话可以知道：C. 繁华区是开店的好地方

2.

★ 考试结束后我有什么安排？ B. 去吃新疆羊肉串
★ 下面哪一项是正确的？ B. 周末爸妈不爱逛街

看图回答1 그림연상학습 1

1. "一转眼"的意思是眼睛疼还是时间快？
"一转眼"是时间过得非常快的意思。

2. 美贞在中国学习了多长时间？为什么要回国？
美贞在中国学习了半年，这个学期结束了要回国。

3. 美贞的机票是昨天刚订的吗？
美贞怕买不到机票，早就把票订好了。

4. 图中美贞和朋友在哪儿干什么？
朋友们在机场为美贞送行。

5. 她的朋友都去机场送她了吗？
她的朋友都去机场送她了。

6. 图中美贞为什么哭了？
美贞被朋友们的热情感动得哭了。

7. 如果你要长期出国，希望有人去机场送你吗？
（自由回答）

看图回答2 그림연상학습 2

1. 美贞回国时，朋友祝她什么？
朋友们祝美贞健康平安，常保持联系。

2. "保持联系"的意思是常联系还是别联系？
   "保持联系"是常联系的意思。
3. 美贞感谢朋友什么？
   美贞感谢他们对她的照顾和帮助。
4. 美贞希望再来中国还是希望朋友们来韩国？
   美贞希望朋友们来韩国。
5. 美贞和朋友告别时，你觉得谁最难过？为什么？
   （自由回答）
6. 你最感谢的人是谁？为什么？
   （自由回答）
7. 请说一件让你感动的事情。
   （自由回答）

听力 듣기훈련

第一部分

1. 男：晚上一起去看电影怎么样？
   女：我妈叫我今天早点回家。
   问：女的能不能去看电影？
   A. 去不了
2. 男：听说你要回国，什么时候动身？
   女：这个月28号。
   问：女的什么时候动身？
   C. 这个月底
3. 女：我第一次来中国什么都不懂，请多多帮助。
   男：没问题。有事儿找我吧。
   问：女的说什么？
   A. 希望男的帮她
4. 女：这几个月谢谢你的照顾。经常麻烦你，真不好意思。
   男：别客气，应该的。常保持联系。
   问：他们可能在干什么？
   A. 告别
5. 女：我来北京工作都快一年了。
   男：是吗？大家各忙各的，哪知道时间过得这么快，一转眼就是一年。
   问：男的是什么意思？
   C. 时间过得真快

第二部分

1. 东东今天回国，机场服务员请他交120元，因为他的行李多，超重了。
   问：东东要交什么费？
   B. 超重费
2. 明天开始期末考试，东东很紧张。因为他上次考砸了，这次一定要考好。
   问：东东为什么紧张？
   A. 考试要考好
3. 小李要出国留学，一年后才回来。我们一起喝酒给他送行，他又高兴又感动。
   问：我们在干什么？
   C. 请小李喝酒告别
4. 小王是新疆人，他来北京工作有四五年了。他每天早睡早起，还帮我们很多忙。
   问：下面哪个是正确的？
   C. 小王不是北京人
5. 奶奶发烧咳嗽病得很严重，今天住院了。白天妈妈去照顾她，晚上爸爸去照顾她。
   问：爸妈为什么要照顾奶奶？
   B. 奶奶身体不好

练习 연습문제

1. ① A：几个星期都没下雨，天气真闷热。
      B：C. 希望 明天下雨凉快些。
   ② A：A. 转眼 一年又过去，时间太快了。
      B：是啊，我们又老了一岁。
   ③ A：明天你去哪儿吗？
      B：哪儿都不去，我要在家 B. 整理 房间。
2. ① 祝你一路平安！
      B. 再见，常联系！
   ② 吃了午饭就离开。
      C. 你们什么时候动身？
   ③ 行李超重了怎么办？
      A. 要交超重费的。
   ④ 这里就是。马上就要登机了。
      D. 请问，5号登机口在哪儿？

阅读 단문독해

1.

★ 根据这段话可以知道中国人：A. 告别还送礼

2.

> 이 세상에서 내가 감사해야 할 사람은 너무너무 많다.
> 나를 낳아주시고 길러주신 부모님께 감사 드리고, 나
> 를 돌봐주신 선생님께 감사 드리고, 따듯함을 느끼게
> 해준 친구들에게도 고맙다. 내가 더욱 감사해야 할 사
> 람들은 잘 알지 못하지만 나를 도와준 사람들이다. 그
> 들 때문에 나의 삶에 희망이 생겼고, 그들 때문에 나
> 는 한 차례 한 차례 감동을 받았고, 그들 때문에 지금
> 나는 인생을 알게 되었다.

★ 我为什么感谢那些不熟悉的人？ B. 让我知道了人生

★ 文中的"他们"是指谁？ C. 不认识但帮过我的人

A

AA制	AA zhì	엔 분의 일(1/N)	4과

B

巴西	Bāxī	(地) 브라질	6과
百闻不如一见	bǎi wén bù rú yí jiàn	백 번 듣는 것이 한 번 보는 것만 못하다	5과
办	bàn	처리하다	1과
办法	bànfǎ	방법, 수단	3과
办公室	bàngōngshì	사무실	3과
帮助	bāngzhù	돕다, 도움	8과
保持	bǎochí	유지하다	8과
北方	běifāng	북쪽	4과
背	bèi	암기하다	2과
被	bèi	…에게 …당하다	8과
鼻子	bízi	코	2과
鞭炮	biānpào	폭죽	7과
遍	biàn	전 과정을 세는 단위	2과
变	biàn	달라지다, 변화하다	6과
并	bìng	그리고, 또	3과
病假	bìngjià	병가, 병결	3과
不管	bùguǎn	…에 관계없이, …을(를) 막론하고	6과
不仅	bùjǐn	…일 뿐만 아니라	1과
不巧	bù qiǎo	유감스럽게도, 운 나쁘게	3과
不如	bùrú	…만 못하다, …하는 편이 낫다	1과
不同	bùtóng	다르다	1과
不怎么	bù zěnme	별로, 그다지	3과
不怎么样	bù zěnmeyàng	별로 좋지 않다	1과

C

材料	cáiliào	재료	4과
参观	cānguān	참관하다, 구경하다	1과
参加	cānjiā	참가하다	4과

查	chá	찾아보다	8과
长安街	Cháng'ānjiē	(地) 창안로	7과
长处	chángchu	장점, 훌륭한 점	5과
长期	chángqī	긴 시간, 장기	8과
场	chǎng	체육 활동 등을 세는 단위	6과
超重	chāo zhòng	중량을 초과하다	8과
吵	chǎo	시끄럽다, 떠들썩하다	4과
车票	chēpiào	차표, 승차권	5과
成不了	chéng bu liǎo	될 수 없다, 못 된다	2과
城隍庙	chénghuángmiào	성황당	5과
成绩	chéngjì	성적	2과
城市	chéngshì	도시	5과
抽烟	chōu yān	흡연하다	6과
初次	chū cì	첫 번, 처음	2과
出汗	chū hàn	땀이 나다	1과
储蓄罐	chǔxùguàn	저금통	1과
串胡同	chuàn hútòng	골목을 돌아다니다	7과
春节	Chūnjié	구정, 설	5과
错	cuò	틀리다, 맞지 않다	3과

D

打车	dǎ chē	택시를 잡다	6과
打发	dǎfa	(시간을) 보내다	3과
打工	dǎ gōng	아르바이트하다, 일하다	3과
(大)白菜	(dà)báicài	배추	4과
大部分	dà bùfen	대부분	4과
大后天	dàhòutiān	글피, 3일 후	5과
大连	Dàlián	(地) 다롄	5과
大型	dàxíng	대형의	7과
大约	dàyuē	대략, 대강	3과
带	dài	달리다, 붙어 있다	1과
戴	dài	착용하다	3과
单程	dānchéng	편도	5과

担心	dān xīn	염려하다, 걱정하다	6과
到不了	dào bu liǎo	이를 수 없다	5과
到达	dàodá	도착하다, 도달하다	5과
登机	dēng jī	(비행기에) 탑승하다	8과
登机口	dēngjīkǒu	탑승구	8과
登机牌	dēngjīpái	탑승권	8과
等候	děnghòu	기다리다	8과
地点	dìdiǎn	장소, 위치	3과
地方	dìfang	장소, 곳	3과
电费	diànfèi	전기료	8과
电风扇	diànfēngshàn	선풍기	1과
店铺	diànpù	점포, 가게	7과
冻	dòng	얼다	4과
动身	dòng shēn	출발하다	8과
豆腐	dòufu	두부	4과
都市	dūshì	도시	5과
读书	dú shū	공부하다	2과
度	dù	(시간을) 보내다	4과
段	duàn	도막, 토막	1과

E

而	ér	…하고, …하지만	4과
二环	èrhuán	베이징 제2도로	7과
二手	èrshǒu	중고	2과

F

发票	fāpiào	(고객용) 영수증	4과
发现	fāxiàn	발견하다	5과
发展	fāzhǎn	발전하다	5과
繁华	fánhuá	번화하다	5과
繁华区	fánhuáqū	번화가	7과
饭馆	fànguǎn	식당	4과

方便面	fāngbiànmiàn	인스턴트 라면, 사발면	1과
方面	fāngmiàn	방면, 분야	2과
放	fàng	쏘다, 발사하다	7과
肥	féi	기름지다	4과
费	fèi	쓰다, 소비하다	5과
粉丝	fěnsī	당면	4과
粉丝	fěnsī	팬, Fans	6과
份	fèn	부분, 몫	4과
丰富	fēngfù	풍부하다	4과
风景	fēngjǐng	풍경, 경치	4과
风味	fēngwèi	맛, 특색	7과
服饰	fúshì	의복과 장신구	7과
付	fù	지불하다	3과
父母	fùmǔ	부모님	6과

G

改天	gǎitiān	후일, 다른 날	5과
感动	gǎndòng	감동하다	8과
感受	gǎnshòu	인상, 느낌	7과
钢琴	gāngqín	피아노	6과
高山区	gāoshānqū	고산 지대	5과
告别	gào bié	헤어지다, 작별 인사를 하다	8과
歌曲	gēqǔ	노래	6과
歌手	gēshǒu	가수	4과
跟	gēn	…와(과), …에게	3과
跟	gēn	따라가다, 쫓아가다	6과
根据	gēnjù	근거하다	1과
公共	gōnggòng	공공의, 공용의	1과
供应	gōngyìng	제공하다, 공급하다	1과
工资	gōngzī	임금, 급여	5과
共同	gòngtóng	공동의, 공통의	6과
购物	gòuwù	물건을 사다	7과

古典	gǔdiǎn	고전, 클래식	6과
挂	guà	(전화를) 끊다	3과
关于	guānyú	…에 관해서	6과
管理员	guǎnlǐyuán	관리인	1과
光	guāng	조금도 남지 않다, 전혀 없다	5과
光盘	guāngpán	CD	6과
广东	Guǎngzhōu	(地) 광동성	1과
国际	guójì	국제	5과
国家	guójiā	국가, 나라	2과
过去	guòqù	과거	4과

H

还	hái	그런대로	6과
还是	háishi	…하는 편이 (더) 좋다	4과
孩子	háizi	아이, 자녀	5과
韩国城	Hánguóchéng	코리아타운	5과
好客	hàokè	손님 접대를 좋아하다	7과
合不来	hé bu lái	서로 맞지 않다	2과
和服	héfú	기모노	1과
合理	hélǐ	합리적이다	1과
黑木耳	hēimù'ěr	목이버섯	4과
候机室	hòujīshì	공항 대합실	8과
胡同	hútòng	골목, 작은 거리	7과
还	huán	돌려주다, 반납하다	2과
挥手	huī shǒu	손을 흔들다	8과
回	huí	회답하다	3과
会	huì	…을(를) 잘 하다, …에 뛰어나다	7과

J

机票	jīpiào	비행기표, 탑승권	3과
急事	jíshì	급한 일	3과
家乡	jiāxiāng	고향	3과

假期	jiàqī	휴가기간	2과
件	jiàn	일·사건 등을 세는 단위	8과
简单	jiǎndān	간단하다	4과
简直	jiǎnzhí	그야말로, 정말	1과
见面	jiàn miàn	만나다	2과
讲话	jiǎng huà	이야기하다	6과
讲课	jiǎng kè	강의하다	2과
交	jiāo	사귀다, 교제하다	2과
交	jiāo	건네다, 내다	8과
交流	jiāoliú	교류하다, 왕래하다	2과
饺子	jiǎozi	교자, 만두	3과
教授	jiàoshòu	교수	7과
叫醒	jiàoxǐng	(불러서) 깨우다	1과
节	jié	수업을 세는 단위	2과
结果	jiéguǒ	결국, 마침내	4과
结账	jié zhàng	계산하다	4과
借	jiè	빌리다	2과
借口	jièkǒu	핑계, 구실	3과
金牌	jīnpái	금메달	6과
金融	jīnróng	금융	5과
紧张	jǐnzhāng	긴박하다, 부족하다	8과
进步	jìnbù	진보하다, 향상되다	4과
进入	jìnrù	진입하다, 진출하다	7과
经济	jīngjì	경제	5과
经济舱	jīngjìcāng	이코노미 클래스	3과
酒水	jiǔshuǐ	음료, 주류	4과
旧书	jiùshū	오래된 책, 고서	2과

K

开店	kāi diàn	가게를 내다	7과
开始	kāishǐ	시작하다	2과
开玩笑	kāi wánxiào	농담하다	2과

开心	kāixìn	즐겁다	4과
烤	kǎo	굽다	7과
烤肉	kǎoròu	불고기	5과
考试	kǎoshì	시험	1과
靠	kào	닿다, 대다	1과
可爱	kě'ài	사랑스럽다, 귀엽다	1과
可惜	kěxī	아쉽다	7과
课文	kèwén	교과서의 본문	2과
空	kòng	틈, 짬, 겨를	3과
口味	kǒuwèi	맛	1과
会计	kuàijì	회계	2과
困	kùn	졸리다	1과

L

拉丁舞	Lādīngwǔ	라틴춤	6과
垃圾食品	lājī shípǐn	정크 푸드	4과
来得及	lái de jí	늦지 않다	7과
来回	láihuí	왕복하다	5과
老地方	lǎodìfang	원래의 곳, 늘 가는 곳	3과
利用	lìyòng	이용하다	2과
俩	liǎ	두 사람	2과
凉菜	liángcài	냉채, 차게 하여 먹는 음식	4과
料理	liàolǐ	(日) 요리	4과
流动量	liúdòngliàng	유동량	7과
流利	liúlì	유창하다	2과
流行	liúxíng	유행하다	6과
路线	lùxiàn	노선	5과
录音	lùyīn	녹음, 녹음하다	2과

M

马虎	mǎhu	소홀하다, 데면데면하다	6과
马马虎虎	mǎmǎhūhū	그저 그렇다	6과

买单	mǎidān	계산서, 계산하다	4과
馒头	mántou	소가 없는 만두, 찐빵	4과
美食	měishí	진미, 맛있는 음식	4과
美术馆	měishùguǎn	미술관	7과
梦想	mèngxiǎng	꿈	6과
免费	miǎn fèi	무료로 하다	1과
面食	miànshí	밀가루 음식	4과
明白	míngbai	분명하다, 명확하다	2과
末班车	mòbānchē	막차	5과

N

难	nán	어렵다	2과
难怪	nánguài	어쩐지, 과연	7과
难过	nánguò	괴롭다, 슬프다	8과
闹钟	nàozhōng	알람시계	1과
腻	nì	느끼하다	4과
年级	niánjí	학년	2과
年轻	niánqīng	젊다	3과

P

怕	pà	무서워하다, 두려워하다	5과
怕	pà	근심하다, 염려하다	8과
陪	péi	동반하다, 수행하다	7과
皮箱	píxiāng	트렁크	8과
品牌	pǐnpái	상표, 브랜드	7과
乒乓球	pīngpāngqiú	탁구	4과
平安	píng'ān	평안하다, 무사하다	8과
平常	píngcháng	평소, 평상시	2과
平时	píngshí	평소, 보통 때	1과
普通话	pǔtōnghuà	보통화, 표준어	5과

Q

期末考试	qīmò kǎoshì	기말고사	7과

其中	qízhōng	그 중에	2과
签名	qiān míng	서명하다	4과
亲笔	qīnbǐ	친필	4과
亲眼	qīnyǎn	자기 눈으로, 직접	5과
青菜	qīngcài	야채, 푸성귀	4과
情况	qíngkuàng	상황	1과
请	qǐng	요청하다, 부탁하다	3과
请客	qǐng kè	손님을 초대하다, 한턱 내다	4과
球类运动	qiúlèi yùndòng	구기 운동, 구기 종목	6과
球迷	qiúmí	(야구 · 축구 등의) 구기광	6과
取	qǔ	찾다	5과
全天	quántiān	하루 종일	1과
缺点	quēdiǎn	단점, 부족한 점	5과

R

人生	rénshēng	인생	8과
认为	rènwéi	여기다, 생각하다	4과
认真	rènzhēn	진지하다, 성실하다	6과
容易	róngyì	쉽다	1과
肉类	ròulèi	육류	4과

S

山东	Shāndōng	(地) 산동성	1과
商店	shāngdiàn	상점	5과
商务舱	shāngwùcāng	비즈니스 클래스	3과
商业区	shāngyèqū	상업 지역	7과
设施	shèshī	시설	1과
摄影	shèyǐng	(사진) 촬영하다	6과
什么样	shénmeyàng	어떠한	8과
神奇	shénqí	신기하다	2과
沈阳	Shěnyáng	(地) 선양	5과
生	shēng	낳다, 태어나다	8과

生活	shēnghuó	생활하다	8과
生活费	shēnghuófèi	생활비	7과
生死之交	shēng sǐ zhī jiāo	생사를 같이하는 벗	2과
师傅	shīfu	기사, 숙련공	7과
食堂	shítáng	구내식당, 음식점	1과
食欲	shíyù	식욕	1과
市场	shìchǎng	시장	1과
似的	shìde	비슷하다, (마치) …와(과) 같다	7과
世界	shìjiè	세계, 세상	8과
室友	shìyǒu	룸메이트	3과
收	shōu	받다, 접수하다	8과
首发车	shǒufāchē	첫차	5과
手机费	shǒujīfèi	핸드폰 요금	3과
售票处	shòupiàochù	매표소	5과
售票员	shòupiàoyuán	매표원	5과
售票中心	shòupiào zhōngxìn	티켓센터	3과
输	shū	지다, 패하다	4과
蔬菜	shūcài	채소	4과
熟悉	shúxī	잘 알다, 익숙하다	3과
暑假	shǔjià	여름방학	2과
刷卡	shuā kǎ	카드로 결제하다	4과
涮	shuàn	샤브샤브(를 하다)	4과
水费	shuǐfèi	수도세	8과
顺便	shùnbiàn	…하는 김에	7과
送礼	sòng lǐ	선물하다	8과
送行	sòng xíng	배웅하다	8과
算了	suànle	그만두다, 내버려두다	4과

T

塔	tǎ	탑	5과
台灯	táidēng	스탠드	1과
台式机	táishìjī	데스크탑 컴퓨터	7과

弹	tán	(악기를) 연주하다	6과
趟	tàng	왕복한 횟수를 세는 단위	5과
特别	tèbié	특별하다, 특이하다	6과
特点	tèdiǎn	특징	7과
特定	tèdìng	특정한	5과
踢球	tī qiú	축구하다	6과
提	tí	말을 꺼내다, 언급하다	3과
提供	tígōng	제공하다	1과
体力	tǐlì	체력, 힘	5과
体育场	tǐyùchǎng	운동장, 경기장	6과
天花板	tiānhuābǎn	천장	1과
天津	Tiānjīn	(地) 톈진	5과
铁杆儿	tiěgǎnr	철저한, 확실한	6과
听力	tīnglì	듣기 능력	2과
挺	tǐng	매우, 아주	2과
通电话	tōng diànhuà	통화하다	3과
同屋	tóngwū	룸메이트	1과
图	tú	그림, 도표	1과

W

外国	wàiguó	외국	2과
外貌	wàimào	외모	2과
往返	wǎngfǎn	왕복하다	5과
网迷	wǎngmí	인터넷광	6과
危险	wēixiǎn	위험, 위험하다	5과
温暖	wēnnuǎn	따뜻하다, 따스하다	8과
无聊	wúliáo	무료하다, 심심하다	3과
无线网络	wúxiàn wǎng	무선 인터넷, Wi-Fi	1과
无缘对面不相逢	wú yuán duì miàn bù xiāng féng	인연이 없으면 지척에 있더라도 만나지 못 한다	2과
舞蹈	wǔdǎo	춤, 무용	6과
舞台	wǔtái	무대	6과

X

西安	Xī'ān	(地) 시안	5과
希望	xīwàng	희망, 희망하다	8과
习惯	xíguàn	습관, 버릇	6과
喜爱	xǐ'ài	좋아하다, 애호하다	6과
洗衣机	xǐyījī	세탁기	1과
现代人	xiàndàirén	현대인	6과
现金	xiànjīn	현금	4과
相当	xiāngdāng	상당히, 무척	1과
香菇	xiānggū	표고버섯	4과
箱子	xiāngzi	상자, 트렁크	8과
项	xiàng	항목, 조항	1과
小时候	xiǎoshíhou	어릴 때, 유년기	2과
小说	xiǎoshuō	소설	5과
写作	xiězuò	글을 짓다, 작문하다	2과
新疆	Xīnjiāng	(地) 신지앙	7과
心情	xīnqíng	마음, 기분	3과
信	xìn	믿다	2과
性格	xìnggé	성격	2과
兴趣	xìngqù	흥미, 관심	6과
许多	xǔduō	대단히 많은, 허다한	6과
学妹	xuémèi	후배 여학생	3과
学期	xuéqī	학기	8과
学长	xuézhǎng	학교 선배	3과

Y

眼睛	yǎnjing	눈	2과
演员	yǎnyuán	배우, 연기자	6과
养	yǎng	기르다, 양육하다	8과
一般	yìbān	보통이다, 일반적이다	8과
易买得	Yìmǎidé	이마트	6과
意思	yìsi	뜻, 의미	2과
音乐盒	yīnyuèhé	오르골, 뮤직박스	8과

饮食	yǐnshí	음식	4과
用功	yòng gōng	열심히 공부하다	1과
优点	yōudiǎn	장점, 우수한 점	5과
尤其	yóuqí	특히, 더욱이	1과
游戏	yóuxì	놀이, 게임	6과
有趣	yǒuqù	재미있다, 흥미롭다	5과
有所不同	yǒusuǒ bùtóng	다소 다르다	6과
有氧运动	yǒuyǎng yùndòng	유산소 운동	6과
友谊赛	yǒuyìsài	친선 경기	6과
有用	yǒu yòng	유용하다	2과
有缘千里来相会	Yǒu yuán qiān lǐ lái xiāng huì	인연이 있으면 천리 밖에 있어도 만나게 된다	2과
愉快	yúkuài	기쁘다, 유쾌하다	3과
遇	yù	(우연히) 만나다	4과
缘分	yuánfèn	인연	2과
原来	yuánlái	원래, 알고 보니	3과
愿意	yuànyì	바라다, 희망하다	7과
约会	yuēhuì	만날 약속	3과
月初	yuèchū	월초	8과
月底	yuèdǐ	월말	8과
阅读	yuèdú	읽다, 독해하다	2과

Z

砸	zá	실패하다. 망치다	2과
站票	zhànpiào	입석권	5과
长	zhǎng	생기다, 자라다	1과
长大	zhǎngdà	자라다, 성장하다	5과
整	zhěng	온전하다	1과
整理	zhěnglǐ	정리하다, 정돈하다	8과
正巧	zhèngqiǎo	마침, 공교롭게	2과
正确	zhèngquè	정확하다, 옳다	1과
正宗	zhèngzōng	정통의, 전통적인	5과
直达	zhídá	직통하다, 직행하다	5과

指	zhǐ	가리키다	8과
只好	zhǐhǎo	부득이, 할 수 없이	3과
只要	zhǐyào	…하기만 하면	6과
智能手机	zhìnéng shǒujī	스마트폰	3과
中年	zhōngnián	중년	3과
忠实	zhōngshí	충직하다, 충실하다	6과
中文	Zhōngwén	중국어	2과
种	zhǒng	종류	5과
种类	zhǒnglèi	종류	7과
煮	zhǔ	삶다, 끓이다	1과
主食	zhǔshí	주식	4과
祝贺	zhùhè	축하하다	3과
著名	zhùmíng	저명하다, 유명하다	7과
住宿费	zhùsùfèi	숙박비, 기숙사비	1과
专业	zhuānyè	전공	2과
转眼	zhuǎnyǎn	눈 깜짝할 사이, 어느덧	8과
自由	zìyóu	자유롭다	5과
总	zǒng	늘, 내내	1과
走动	zǒudòng	거닐다, 움직이다	7과
足球	zúqiú	축구	6과
做梦	zuò mèng	꿈을 꾸다	1과